The Beatitudes of Peace
Meditations on the Beatitudes, Peacemaking and the Spiritual Life

# 山上の説教を生きる

八福の教えと平和創造

ジョン・ディア John Dear

志村真 訳 SHIMURA Makoto

新教出版社

レイ・イースト神父とその姉妹である、
ゲルトルード・イースト、セシィ・イースト、
友人たち、平和の作り手たちへ

南アフリカへの巡礼に感謝して

John Dear,
The Beatitudes of Peace
Meditations on the Beatitudes, Peacemaking
and the Spiritual Life

Twenty-Third Publications, 2016

# 序

ずいぶん前のことですが、二一歳の夢見る若者として、私は一人イスラエルに飛んで、イエスの足跡を訪ね歩き、聖地を巡礼したことがあります。エルサレム旧市街の丸石敷きの路地やベツレヘム周辺の岩がゴツゴツしている野原、そしてナザレの騒がしい通りを数日歩き回りました。私以前の数百万の人々と同じように、イエスの風景を学ぼうと聖なる遺跡を頑張って旅したのでした。けれども、最後に一番良い所をとってありました。――ガリラヤ湖畔での一週間のキャンプです。

私は誰とも話さず、誰の姿も見ませんでした。ほんの数週間前にイスラエルがレバノンに軍事侵攻し、三か月間の戦争によって六万もの人々が殺されことがあって、その場所はひっそりとしていました。この侵攻はアメリカ合衆国の経済支援によるものでした。

それは一九八二年の夏のことで、ペンタゴン（国防総省）はその戦争を「ガリラヤ平和作戦」と名づけていました。

私はそのど真ん中で――まったくもって鈍感でした。ぼーとしていました。イエスの生涯を思い巡らし、福音書について黙想し、どのように彼に従えばよいのか、どのように生涯を捧げたらよいのかを知るために、慈恵を求めて祈りながら歩いたのでした。

私は自分の「ガリラヤ平和作戦」を遂行していたわけです。実際に起きた作戦について知りもしないままに。そして、それはその後の私の人生を長年決定づける、まったく異なる種類の作戦だったのです。

ガリラヤ湖の北岸に至ったとき、美しい八福聖堂に出会いました。これはイタリアの独裁者であったムッソリーニの資金によって一九三〇年代に建てられたもので、ガリラヤ湖を見下ろす丘の上にありました。普通では見られないような、灰色の高いドームを持つ小さな円形の教会で、アーチと柱石でできた回廊が四方を囲っていました。

聖堂の中に一人立つと、内部に造られた八面の壁に八福[1]の教えの言葉が書かれていることに気づきました。それを読んだとき、メッセージに圧倒されました。それまで私は、八福の教え、あるいはその対抗文化的挑戦にまったく注意を向けていませんでした。けれども、この美しい設定にあって、数週間の徒歩旅行の後の、ガリラヤ湖の静けさの中で、八福の教えは全力で傾注するよう私に迫ってきました。これらの言葉はイエスの希望であり祈りでありビジョンであり、彼はそれにとても真剣であったことが、そのとき、その場所で、私に開示されました。八福の教えは、イエスが信従する者にそう生きるよう求めた道の要点を説いていました。キリスト者のための青写真、キリスト者一人ひとりの行程表、巡礼のための道路地図でした。これには自分も含まれる！と突然、気づきました。これらの言葉はその通りに生きるよう要求していました。他の誰でもなく、そのときの私によって。八福の教えは私の人生にある特定の道を提案していました。それまで決してできなかった生き方を。それらの言葉を最初に語られた方とその権威を思うとき、おののきを覚えるような生き方を。

私にはそのつもりはありませんでした。ただ神学校に入学する前に、イスラエルでの祈りと観光と冒険の素敵な夏を夢見ていただけです。私は、戦争についてと、平和を作り出すイエスに従うことの結果について鈍感でした。八福の言葉とその挑戦的意味に心底揺さぶられて、その後の数時間をガリラヤ湖を眺めながら過ごしました。それは七月の暑い午後のことで、空は透き通るように青く、素晴らしい緑の丘が明るく輝く青い湖を囲んでいました。神秘的かつ物事を転倒させる教えについて考察しながら、その教えに従って実際に生きるのかどうか、思い巡らしました。どうしたらよいのか分かりませんでしたが、とにかくこの挑戦を受けるよう私は召されていると感じました。それ以外は間違っているし、偽善的だと思いました。

そのとき、つまり八福の教えとそれを教えてくださった方の招きについて思い迷っていたとき、イスラエル軍の戦闘機が頭上を飛び、音速の壁を破って衝撃波を起こしました。戦闘機はレバノンでの戦争に向かう途中、ガリラヤ湖に急降下して飛び去ったのでした。その瞬間です。私が自分の人生を八福の教えと山上の説教に従って歩み、それを伝えていこうと決心したのは。ガリラヤ湖の先にあった戦争という現実に直面する中で、私は自身の「平和作戦」に漕ぎ出しました。それ以来、後ろは振り返っていません。

この小著は、一九八二年の八福聖堂でのその体験がもたらした直接の成果です。

後になってようやく、戦闘機が毎日自分の上を飛んでいたことに気づきました。私は戦争地域をうろついていたわけで、獰猛《どうもう》な現実に鈍感でした。私はそれを気に留めることなく、それが自分とどのような関係にあるのか、見ようとはしませんでした。自分の霊的生活とどう関係があるか考えることをしませんでした。そして、そのことについて自分に何ができるのか、まったく分かっていませんでした。その私を叩き起こし、身の周りで何が起きているのかに目を開かせ、キリスト者としての信従の進路に私をつけてくれたのが、八福聖堂の壁に書かれたあの言葉でした。

換言するならば、神が私たちを招いておられることを示したのが、八福の教えそのものだったのです。平和の作り手であるよう、そして正義を求めて飢え渇く者であるよう、慈しみと柔和さを実践するよう、正義と平和のためのたたかいのゆえに迫害されるリスクを負うよう、神は招いておられます。戦争と不正義のこの世界にあって、本当に変化をもたらすことができるのかどうかは私の責任ではありません。結果は神のみ手にあります。私は八福の教えと山上の説教を生きるよう、自分にできることをなすよう、呼ばれました。ですから、平和の八福と山上の説教に従って残る生涯を生きて行こう、と聖堂から出立したのです。

ガリラヤ湖畔での感動に満ちた数日以来、八福の教えと山上の説教は常に私と共にあります。その教えを学び、教えについて祈り、教えに関する静修を行い、教えを生きるために最善を尽くしてきました。二五年後、ガリラヤと八福聖堂に再び戻って来ました。今では私は、叙階されたカトリック司祭であり、非暴力についての何冊かの著者であり、神学の分野で二つの修士号を持つ者となりました。平和に関する講演を数百回行い、戦争に反対する多くのデモを組織し、エルサルバドルの難民キャンプで暮らし、カトリックの高校で教え、反戦・反核の抗議行動のゆえに数十回逮捕されてきました。ノースカロライナ州ゴールズボロにあるセイモア・ジョンソン空軍基地の中に入って核兵器をハンマーで叩いたことで懲役二〇年の刑に直面し、二件の重犯罪で有罪となり、八か月間受刑しました。一年以上自宅監禁されたこともありました。ありていに言うならば、私は戦争の世界に嵌《はま》ってしまっていたわけです。八福の教えは今まで以上に、平和という別世界のビジョンと、創造的非暴力、正義と慈しみの実践要求と共に私を招いています。私は自分が教えを生き抜いていると言えるような者ではありません。ましてや具現化しているなどとは到底主張できません。けれども懸命に努力してきました。なぜなら、それらは至高の理想であり責務だからです。

その頃、私は合衆国で最大にして最古の超教派平和団体、友和会のディレクターでした。私がイスラエル／パレスチナに来たのは、ユダヤ教徒、イスラム教徒、キリスト教徒から成る多宗教代表団を率いて、パレスチナ占領について学び、占領を終わらせるために非暴力的に働いている人々を支援し、連帯を表明するためでした。私たちは、エルサレムの人権活動者や、イスラエル人入植者によって自分たちの土地をブルドーザーで押しつぶされたパレスチナ人家族、インティファーダ時代に投獄されていたパレスチナ人、非暴力的聖地の新しき到来をもたらすために共働しているイスラエル人とパレスチナ人のグループと数週間を共に過ごしました。私たちは聞き祈り学びました。そのことはイスラエル／パレスチナのために展望する多宗教による非暴力の実践に役立ちました。怒りに燃えたイスラエル人が挑みかかってきたときには、友人であるラビがヘブライ語で平和の言葉をもって対応してくれました。怒ったイスラム教徒に出会ったときには、イスラム教徒の友がアラビア語による平和の言葉で応じてくれました。激怒したキリスト教徒と一緒になったときには、キリスト者である仲間が信仰の旅路と平和という福音のビジョンを語りかけました。

滞在の最後のところで、八福聖堂で静かに黙想しながら午後を過ごそう、と友人のボブ・ケック神父とビル・ピカード神父と車で出かけました。このときには、現今の政治状況、合衆国の後ろ盾によるイスラエルのパレスチナ占領という悪夢、戦争にまみれた世界、そして福音による平和の代替案についての理解は、以前に比べては向上していました。山上の説教とその非暴力の社会的、経済的、政治的ビジョンについてもかなり分かるようになっていました。

私と友人たちは、八福の教えをめぐって聖堂で静修を行い、その後、ガリラヤ湖を見下ろす草生す丘でミサをあげる計画でした。けれども到着すると、天気が急変しました。空はみるみる黒くなり、激しい雨が降り出しました。観光客たちが八福聖堂の中に駆け込んできて、聖堂と周りのバルコニーはごった返しました。私たちは聖堂の中で計画を実行しようとしましたが、観光客の一団は騒がしく、大声で話しながら次々と写真を撮っていました。私たちはしばらくそこに座っていました。私はと言うと、一九八二年の暑い夏の日のこと、聖堂の壁に書かれた言葉との経験を思い出していました。雨が止むと、一団から離れてガリラヤ湖でボートに乗ろうと友人たちが提案してくれたので、出かけました。

波止場に降りて行くと、誰も乗っていない一世紀の漁船仕様の木製ボート「聖ペトロの舟」の一隻に乗り込みました。私たち三人だけで丸ごと一艘《いっそう》貸し切り状態でした。空は渦巻く黒雲で埋め尽くされ、湖面は高波が沸き立っていました。けれども、温かなそよ風が吹いてきて、船長は安全だし大丈夫だと言ってくれました。

出航時刻になろうかというとき、ツアーバスが停まり、三〇人ほどの白人アメリカ人たちを吐き出しました。テキサスの根本主義のクリスチャンたちでした。この人たちがどやどやと乗り込んできて、私たちは荒海に一緒に出て行ったわけです。数分もしないうちに、この人たちはアメリカの国旗を取り出すと、船のマストに掲げました。本当です。そして、牧師がアメリカのための祈りを先導するとアナウンスしました。「神よ、感謝します」。彼は始めました。「私たちをアメリカ人としてくださったことに感謝します。そのおかげで、私たちは中東のこの恐ろしい場所に住まなくてよいのです。……」熱烈なナショナリスト的スピーチの後、牧師は信心深い人々を導いて献身の誓いを告白していきました。全員が一つとなってアメリカ国旗を見上げ、信条を唱え、嬉々として自分たちのテーマソング「ゴッド・ブレス・アメリカ」を歌いました。持てる限りの情熱と力を込めて国旗に向かって歌った後、集団全体は涙にむせびました。「ゴッド・ブレス・アメリカ！」誰かが叫びました。「アメリカよ、永遠なれ！」「われらが軍を祝したまえ！」

その愛国心とナショナリズムに衝撃を受けました。私はそれを別のしるしとして受け取りました。イエスゆえに神を讃えるのではなく、八福の教え、山上の説教、ガリラヤ湖畔でなされた奇跡や教えゆえに讃えるのではなく、このクリスチャンたちは国旗を拝し、その人たちにとっての「真の神（true god）」であるアメリカに忠誠を誓っていたのです。この人たちの行いの全体が、あろうことかガリラヤ湖での図々しい冒瀆に思えました。イエスに対するあからさまな裏切りであり、明白な拒絶であると。イエスの生誕の地を侮辱したばかりか、イエスの教えを拒否し、その代わりに偶像的ナショナリズムを選び取った、そのありようを示していたのです。

もちろん、その人たちだけがそうしたことを行っているのではありません。誰もがしています。


私にはガリラヤ湖に戻ったことがもう一度あります。それは二〇〇八年の春のことで、パレスチナ占領に関するサビール・カンファレンス(2)で演説を行うために招かれました。占領下にあるベツレヘムのホテルで、パレスチナ人キリスト教徒活動者と人権団体のリーダー八〇〇人が集まり、合衆国の支援を受けたイスラエルによる占領にどのように非暴力的に抵抗するか、その方略について八日間にわたって討議しました。発言者には、エルサレムの枢機卿、南アフリカの大主教、指導的聖書学者数人、パレスチナ社会の指導者が含まれていました。私は閉会の基調講演を担当し、非暴力の霊的根拠と帝国に対する抵抗について話しました。

その週のことは私の人生における最も大きな経験の一つとなりました。パレスチナの真剣なキリスト者と出会い、励ましの言葉をかけることは祝福でした。合衆国に支援されたイスラエルによるパレスチナ占領は、デズモンド・ツツ大主教やジミー・カーター元大統領がそう呼ぶように、アパルトヘイト以外の何ものでもない、と私たちは一つとなって公然と批判したのでした。私たちはこの組織的不正義を終わらせ、非暴力の新しい中東、非暴力の新しい世界をもたらすために全力で取り組みました。

プログラムの終了後、再び北に向かってガリラヤまで車を走らせ、湖畔で数日間の静かなときを持ちました。八福聖堂で沈黙の中、座したのです。このときは天気はパーフェクトでした。そして、聖堂には誰もいませんでした。私は一九八二年のガリラヤ湖での最初の夏を思い出しました。そして、閉じることのない平和巡礼について考えを巡らしました。湖を渡るそよ風の平和の中で呼吸し、この教えについてもう一度黙想しました。八福の教えと山上の説教に従って生き、福音書のイエスに従い、イエスをその言葉のままに受け取る自らの務めを刷新させました。自分が八福の人、山上の説教のキリスト者であるよう、イエスの言葉と道と知恵の上に人生を置く者であるよう、それまで以上に祈りました。

以上のような八福聖堂への三度の旅は、山上の説教におけるイエスの教えについての私の理解を彩るものとなりました。そして、古代の教えにいのちを吹き込み、その挑戦を受けるよう私に迫りました。山上の説教を学ぶためには誰もがガリラヤ湖に行くべきだとは思いませんが、イエスに従おうとするのであれば、キリスト者一人ひとりが八福の教えと山上の説教を読み、学び、習うべきでしょう。

私は自分のことを専門家であると主張するつもりはありません。けれども、この教えを長年考えてきましたし、他の皆さんと同じように、それを生き通そうと懸命に願ってきました。イエスの八福の教えと山上の説教についての以下の省察を、私は希望と祈りをもってお示ししたいと思います。それらがイエスの言葉を真剣に受け取るよう誰かを励ますものでありますように、誰かが教えに従って行き通そうと努めるものでありますように、私たちが一緒になって正義を求め、慈しみを実践し、平和を作り出し、非暴力の神の国の到来を告げ知らせることができますように、と願い祈るものです。

以下の黙想は、行動への招きです。八福の教えを人生の青写真として、平和を生き、この世界で正義を求め、非暴力を実践するための方法論として山上の説教を受け止める、言わば招集状です。これらの聖句は、非暴力的生と非暴力的世界に向かって前進する最良の道を提供するものであり、それを行動に移すことを要求しています。山上の説教の高みにまで到達しようがしまいが、懸命に努力するならば、私たちは確実に祝福されるでありましょう。そう約束されています。

この小著が、イエスに従い、彼の言葉をそのまま受け入れて、戦争や貧困、核兵器、環境破壊、そして暴力のない世界を求める彼の非暴力のたたかいに参与することに資するものでありますように。そして、私たちがそうであるようにと造られた者——すなわち八福の民、山上の説教の民、平和の作り手、平和の神の息子・娘——となることができるよう励ますものでありますように。

ニューメキシコ州サンタフェにて

ジョン・ディア

# 目次

# 第1章　ガンディーの発見

数年前のことですが、マハートマー・ガンディーの孫であるアルン・ガンディー(3)と共にインドを旅行したことがあります。彼は、インド独立闘争が最も激しかった頃に、マハートマー自身によって育てられた人です。この記念すべき旅のハイライトは、アーメダバード近郊にあるガンディーのアシュラムを訪ねたことです。一九一七年、ガンディーは町から遠く離れたサーバルマティー川を見渡す田舎の荒野に、サーバルマティー・アシュラムを設立しました。数百もの献身的な人々が毎朝毎夕共に祈り、持ち物をすべて共有し、食べ物を自給し、新聞を発行して、イギリスからのインド独立を目指す非暴力のたたかいを組織したのです。

今日、都市の喧騒《けんそう》はかつて田舎であったところにまで及び、それゆえにアシュラムは、騒がしく貧しい町にあってオアシスのように立っています。赤瓦で葺《ふ》かれた建物は創建当時のまま健在です。ガンディーが住んでいた家は、一〇〇年前とまったく同じように川を見守っています。ニューメキシコの日干し煉瓦の家もそうですが、素朴な美しさがあります。アシュラムは平和のみならず、力をも発していました。

アシュラム基金は現在、近隣の数千の恵まれない子どもたちのための小学校やスープ・キッチン、様々な社会サービスを運営・提供しています。私たちは子どもたちと一緒に食べ、先生方に会い、そこでの働きについて学び、寄付をいたしました。

ある一日、グループの他のメンバーが町に出かけている間、私は友人のジャネットとユディトと後に残り、ガンディーの家で小さな静修を行いました。午前中いっぱい、ベランダの床に沈黙して座しました。そこは、家具のないがらんとしたガンディーの部屋のすぐ外で、部屋には小さな木製の机と手紡ぎ車、大きな白い枕があり、荒野の渓谷とははるか下を流れる川が見渡せました。これこそガンディーなじみの、そして愛した景色であり、彼が家《うち》と呼んだ場所、彼の内的平和への玄関口でした。厳しい景色は私にアメリカ南西部を思わせましたが、息苦しい暑さと極限に近い湿度は私には新しいものでした。ガンディーの精神と景色の中に入って行きますと、豊かな平和を感じ、正義と武装解除と平和を求める私自身の働きを継続させる、内的な力を新たに得ることができました。

ガンディーの玄関先数フィートのところ、川へと垂直に切れている崖のすぐ手前には、褐色の土の上に大きな四角い、これも褐色の石がありました。ガンディーが共同体の仲間と座り、黙想と黙祷を行った場所を示すものでした。人々は賛歌を歌い、誓いの言葉を告白し、非暴力にかける日々の関わりを新たにしたのです。ガンディーがバガバッド・ギーターの第二章やコーランから選んだ句――そして山上の説教から読み上げたのは、この場所からでした。

ガンディーは、四〇年以上にわたってほとんど毎朝毎夕、山上の説教から朗読していたことになります。彼はキリスト教徒ではありませんでしたが、山上の説教にあるイエスの教えに従って生きよう、とかなり初期に心に決めていました。自伝の中で書いているように、彼が山上の説教を最初に読んだとき、おそらくそれは一八九〇年代、彼が南アフリカのダーバンにいたときと思われますが、それらの言葉は「私の心に直接響いた」のでした。「『しかし、わたしはあなたがたに言う。悪人に手向かうな。もし、だれかがあなたの右の頬を打つなら、ほかの頬をも向けてやりなさい。あなたを訴えて下着を取ろうとする者には、上着をも与えなさい』という節は、私を非常に喜ばした(4)」のです。彼はこう書いています。「新約聖書と山上の説教を読み始めると、私はキリスト教を理解し始めた」。「山上の説教の教えは、私が子ども時代に習い覚えた何ものか、私の存在の部分である何ものか、日常生活において私の周りで起きていると感じられる何ものかを響かせていた(5)」。「私は、山上の説教がキリスト者の生を生きようと欲する者にとって、キリスト教の全体を示すものであると理解した。私にイエスを慕わせたのは山上の説教であった(6)」。「キリストの穏やかな姿――とても忍耐強く、とても優しく、とても愛おしい、彼が信従者たちに、虐待されたり打たれたりしたときは仕返しするのではなく、むしろもう一方の頬を向けよと教えたように、ゆるしに満ちた姿――これは完全なる人間の美しき先例であると思ったのである」[7]。

ガンディーは山上の説教を、バガバッド・ギーターと並ぶ歴史において最も偉大な非暴力の書とみなしていました。彼は非暴力の人となりたかったので、毎朝毎夕、導きを求めて山上の説教に戻ったのです。あたかも日毎のガイドブック、あるいは「ハウツー本」であるかのように。そこで彼はこう結論づけました。もし、イエスのように生き、イエスのように非暴力を実践しようと思うのなら、イエスの教えを真剣に受け止め、それらを実践に移すためには、毎日、学ばなければならない、と。彼は山上の説教をして自らを非武装化させ、変えさせ、平和の作り手へと形成させました。この日毎の規律が普通の法律人であったモハンダス・K・ガンディーをマハートマー（＝偉大なる魂）という普遍的な人物へと変容させたのです。

ガンディーの視点から見れば、イエスは非暴力の化身でした。彼は誰に対しても完全に非暴力的でした。非暴力の道を実践するために弟子の共同体を形成し、神の平和の国を告げ知らせるために「狼の中に羊として」送り出しました。イエス自身の草の根の非暴力的たたかいがエルサレムに達したとき、彼は神殿において非暴力市民的不服従行動を起こしました。その後、逮捕され、拷問され、処刑されました。それでも、最後の一息まで完全に非暴力的であり続けました。復活においても、イエスはなお非暴力を実践しておられます。復讐や怒りや報復の言葉を一言も発しておられません。むしろ、かつて自分を見捨てた者たちのために朝食を作り、平和という復活の賜物を贈っています。私たちが彼に従おうとするのであれば、私たちもガンディーがなそうとしたように、非暴力を具現化しなければなりません。そしてそのことは、イエスが山上の説教の中で教えた基本的な非暴力の教えに沿って生きるということです。

ガンディーは、四つある福音書から毎日、行動的非暴力の視点で読むよう私たちを招いています。私たちは既に暴力の文化に浸りきっており、暴力の熟練者となっていますので、イエスの非暴力の生の中に、とりわけ彼の基本的非暴力の教えが集められている山上の説教の中に、自分を繰り返して浸すことを、ガンディーは勧めています。

さて、そうしたことにはとても良い響きがするのだけれど、少しばかり理想主義的過ぎはしないか、と考える方もおられるかも知れません。イエスは神なのだから、それは彼にとっては容易いことだった。だから、彼のような平和と愛と非暴力の高みには達しえない。であれば、なぜわざわざ努力するのか、と。

けれども、ガンディーは、山上の説教から毎日読むよう、そして教えに沿って生きるよう、自らを律しました。この専心によって、南アフリカとインドを共に組織的暴力から解放するよう助力し、世界に行動的非暴力の力を示したのです。彼はその途上において、キリストのような人間、マーティン・ルーサー・キング・Jrによれば「現代の最も偉大なキリスト者」となったのです。

私たちもまた、ガンディーのように、暴力文化の声量を下げ、非暴力のイエスの声に注意深く耳を傾けて、その声を私たちの人生を導く卓越した道案内とすることができます。これらの聖なる教えに励まされて、戦争、貧困、核兵器、環境破壊を終わらせ、非暴力の新しい世界を迎え入れるために、なすべき分を力強く前進させることができるのです。これこそ探求に価する霊的実践です。

# 第2章　心の貧しい人々は幸いである

「心の貧しい人々は幸いである（霊において貧しい人々は祝されている）」とイエスは語り始められます。その人たちは最初で最高の祝福——神の国への入場を得るというのです。イエスはのっけから、上下を完全にひっくり返されます。彼は私たちに自発的に貧しくなるよう招かれます。そして、自らの不完全さを受け入れるよう、あらゆることについて神に依り頼むよう、神の国の経済理解を追求するよう、そして愛による謙虚さと平和的無を通して真理を探究するよう、招かれます。この世の目からすると、貧しくされた人々は何も持っていないかも知れませんが、神の目からは貧しくされた人々は他の豊かな私たちが持っていない一つのもの、すなわち神の国を既に手にしているのです。そして、イエスはこれこそが追い求めるに価するただ一つの目標であることを知っておられました。

何年か前のことですが、ある平和使節の一員としてアフガニスタンに参りました。豊かさということでは、*Lonely Planet* 誌のランク付けによると、アフガニスタンは一七三か国中一七三番目です。また、地球上で最も汚職にまみれた国の一つであり、世界で二番目に幼児死亡率が高い国です。国連の最近の報告によれば、アフガニスタンの恒常的な栄養不良はアフリカの最も厳しい地域と同程度とされています。アフガニスタンには約三一〇〇万人が暮らしています。一九八〇年初頭より二〇〇万人以上の市民が殺されています。その結果、全人口の六八パーセントが二五歳以下となっています。ということは、アフガニスタンの大半の人が戦争以外何も知らないのです。すなわち、ロシア支配の数年間とそれ以降の様々な勢力による戦争、タリバーン支配下の戦争、アメリカ合衆国による一五年に及ぶ戦争です。そして、それはアメリカ人が交戦した最も長い戦争です。

アフガニスタンには、ノーベル平和賞受賞者で友人のマイレッド・マグワイア(8)、プロテスタントの著述者シェーン・クレイボーン(9)と一緒に行きました。その旅は「アフガン平和ボランティア」の招きによるものでした。「ボランティア」は、田舎の戦場から逃れて非暴力を学び実践する平和共同体を設立した青年グループです。

ある朝、青年たちは近隣に住むモスリム女性二三人との秘密の会合をアレンジしてくれました。彼女たちは皆、黒をまとっていました。青年グループは、彼女たちが縫製の協同組合を設立するのに力を貸し、そのおかげで布を売って収入を得ることができるようになりました。アフガニスタンは世界の中でも女性にとっては最悪の場所です。モスリムの女性たちは男性、特に外国人の男性と同じ部屋にいることが許されていません。ですから、大変なリスクを負って会ってくれたのです。彼女たちは何時間も自分の物語を話してくれました。声に出してくれた痛み、暴力、苦しみは、世界中の恵まれない数百万の人々のそれと同じであり、彼女たちが本当に必要としていること、神への信頼、そして彼女たちの究極の「霊における貧しさ」を表していました。

以下は、彼女たちが語ってくれたことの抜粋です。

戦争はもうたくさんです。いったい何時になれば、安堵の息がつけるのでしょう。平和の欠乏と戦争による過労は悪化するばかりです。お金も仕事もないからです。今は健康な人など、どこにもいません。皆がアメリカによる戦争の影響を受けています。いつも爆弾から避難し、暴力から四六時中逃げ回っています。そして、食べ物を捜し求めて歩きづめです。本当に大変です。

誰が信頼できるでしょう。誰が友だちでしょう。助けてくれようとするジャーナリストのような人がいたとしても、殺すぞと脅されたり、実際に殺されてしまいます。

（八年生の女子）希望は全部失くしました。学校なんてジョークでしかありません。教育はとてもよくないです。この先期待するものは何もありません。自分の未来が想像できないのです。内戦と虐殺がまた始まるのではないかと不安で、こわいです。なので、学校には行かない方がいいと思ってますし、生き延びるための術《すべ》を準備し始めたところです。

私は二〇年前に夫を亡くし、収入なしに三人の子どもを育てました。子どもたちのことがとても心配です。一人は精神に障がいを持っています。毎日、泣いてばかりです。そうやってやり過ごしています。

今朝ここに来るのに、小さな子どもたちを家に置いて来ざるを得ませんでした。夫は仕事を探しに出かけているので。でも、仕事はまったくありません。

家から外に出るのはとても難しいことです。自爆テロ犯に殺されるんじゃないかって、家族がとても心配するのです。いつくかの国は支援を送るって言ってますけど、どこにあるんですか。一度も見たことがありませんよ。全部、ドバイに家を建ててる政府の要人の懐に入ったんでしょう。

どれだけ長く戦争が続くんでしょうか。アフガン人は皆知ってます。アメリカ政府がここで興味があるのは自分たちのことで、民衆ではないっていうことを。誰が民の声を聞くんでしょう。

国によっては、動物を狩りするのに許可が要りますよね。ここでは何をするにも許可なんか要りません。だから、ある人たちは人間を狩っているんです。他の国では動物が持っている権利すら、この国ではないんです。

## 下降志向の旅と貧しくされた人々との連帯

私たち第一世界の者たち――この惑星上、最も豊かで、歴史上、最も富裕な者たち――にとって理解不能なことは、イエスが「心の貧しさ」について語られるとき、彼が実際何を言っているのか、です。私たちはビル・ゲイツやウォーレン・バフェットのような億万長者ではありませんが、地球上の大多数やかつて生きていた人々のほとんどと比べるならば、イエスの目からすると豊かです。私たちには食べ物があり、家があり、健康保険、教育、安全があり、そして尊厳を有しています。けれども、お金があることに徐々に慣れてしまい、お金に依存して成長し、それに満足し、それを快適に感じています。私たちは世界の貧しくされた人々の苦しみと死に背を向けて座って無視し、平和のためにたたかうことを拒んで、私たちの戦争の文化を支持しています。そして、憐れみ、あるいは普遍的な愛を示すことにしくじっています。

ルカによる福音書では、イエスは、持っているものをすべて売り払い、そのお金を貧しくされた人々に与えるよう、その上で自分に従って来るよう、裕福な役人を招いておられます。けれども、その役人は悲しげに歩き去りました。つまり、イエスを全面的に拒んだわけです。その後、イエスはこう宣言なさいました。「金持ちが神の国に入るよりも、らくだが針の穴を通る方がまだ易しい」（ルカ一八・二五）。私たちも、自分の持ち物を売り払って貧しくされた人々にすべて分かち与え、神の普遍的愛と共感と平和の国に入る者ではなく、イエスの前から歩き去る者にすぎません。

八福の教えの第一は、偶像礼拝――金、所有、特権、力という偶像への礼拝――と対決するものです。私たちは持ち物を売り払い、そのお金を貧しくされた人々にすべて分かち与え、周縁に追いやられた人々、権利を奪われた人々と共にいのちを分かち合い、神にいのちを委ねるよう、招かれています。そうすれば、開放と信頼と平和の道にあって、もう一度イエスに従い始めることができます。この祝福のうちに、イエスは力や特権、所有、そして神と他者から私たちを遠ざけるすべてのものを去らせるよう、私たちを呼んでおられます。私たちが神に自らを十分に開いて、神の国に入ることができるのは、私たちがまったく無となることにおいてのみです。

霊において貧しい人々とは、まずはこのことを、たいていは心ならずも学んだ人だと言えるでしょう。この人たちは、砕かれるとは、力なく助けもないとは何を意味しているのかを知っています。空腹、極限までの貧しさ、死は日常的に起こりえることです。誰も助けに来てくれません。その人たちのために介入しに来てくれる政府や支援グループはありません。この人たちは完全に神に頼る存在となったのです。力も特権も所有物もお金も武器もありません。神以外の何者をも持たないのです。ですから、助けを求めて神に叫んでいるのです。

## 神の国の経済学

四福音書において、イエスは性行為について一言も話しておられません。けれども、貧しさと貧しくされた人々については繰り返し語っておられます。しかしながら今日、キリスト者や大多数の教会は性についてはこだわりますが、貧しくされた人々や世界の貧困についてはほとんど何も言いません。教皇フランシスコは、こうした事態を貧しくされた人々との連帯によって正そうとしています。けれども、私たち全員がもう一度、イエスの教えとその意図を学ぶ必要があると思います。イエスは、私たちが貧しくされた人々に仕え、貧困を終わらせ、貧しくされた人々と共にある人間となって、自らを神に差し出すよう求めておられます。

福音はある特定の経済観、私が「神の国の経済学」と呼ぶところのものを提案しています。イエスがなさったように、できるだけ質素に貧しく生きる――貧しくされた人々に私たちの財産を提供し、貧しくされた人々に仕え、その人たちと連帯して歩む――よう、私たちは努めるのです。私たちにとってそれは、資本主義と物質主義から自由になることであり、それらを拒否して私たちの財産と資源を貧しくされた人々と共有することを意味しています。もし神が天と同じように地を治めておられるのなら、豊かな者などいないはずです。この地上の自然資源を等しく共有しているはずです。すべての人間にちょうどよいだけの食料、衣服、住居、健康保険、教育、雇用、尊厳があるはずです。誰もが神に依り頼むはずです。誰もがすべてのものを分かち合うはずです。誰もが何も必要とせず、互いに愛し合い、平和に暮らすことを学んでいるはずです。

四福音書のいずれもが描く、わずかなパンと魚で数千もの人々が食事したという記事は、神がこの地上で実現することを望んでおられる経済学のモデルです。福音書は何か新しいものを創出するよう私たちに命じています。——極貧状態のない、社会的、経済的、人種的正義が規範となる、そして平和が花咲く、一つの非暴力的、民主的、社会主義的社会。これこそ、私たちが今すぐ、この地上で生きるよう、イエスが求めておられることです。それは原初から神が意図しておられたことです。

初期の修道院は、村民のニーズに沿うことを目指した社会主義的社会を作り出しました。聖フランシスコは、自発的貧しさ、貧しくされた人々への奉仕、対人的非暴力を規範として強く求めることで、このキリスト教的理想をさらに一歩進めました。彼は、貧しくされた人々の必要が満たされ、誰もが神に依り頼む、平和主義的共同体を求めました。マハートマー・ガンディーは、この知恵をさらにもう一歩進めました。新しい国づくりのために個の貧しさと行動的非暴力を採用したアシュラム共同体を設立したのです。彼は建設的プログラムを提唱しました。田舎の村落のための小規模家内産業を興し、とりわけ生き方としての手紡ぎ車（チャルカ）を掲げました。彼は、近代の資本主義は激しい形で失敗したと述べています。都市部への人口移動はより深刻な貧困と暴力を生み出すだけで、土地の人々が互いに食べ物を分かち合い、料理を味わって、いつも行ってきたような質素な田舎暮らしこそが進むべき道だと説いています。彼はまた、植民地主義、帝国主義、そして集団的強欲に抵抗し、文化を変革し世界を変革する道を告げる、新しい革命を開始させるために、行動的非暴力の運動を起こしました。インドの極貧と暴力は、正直に申し上げますが、彼が正しかったことを証明しています。

私たちが貧しくされた人々とのより大きな連帯に生きるよう、イエスは招いておられます。困窮している人々に仕え、その人たちの心の貧しさを分かち受け、その人たちの知恵に学び、神の平和の国の到来を求めるよう、その人たちの革命的非暴力のたたかいに加わるよう、イエスは招いておられます。もし私たちが貧しくされた人々といのちを分かち合い、豊かさを追い求めるのではなく、下降志向へと歩みを進めるならば、貧しくされた人々や権利を奪われている人々は、自分たちが既に持っている一つのもの――すなわち神の国を私たちに分けてくれることでしょう。もう一度申しますが、私たち自身とすべての人間のために神の平和の国を求めること――これが最も大切なことのすべてです。

貧しくされた人々とどのように連帯して歩むかについて、ガンディーはかつて次のように助言しています。「あなたがこれまで出会った中で最も貧しく、最も弱い人の顔を思い起こすのだ。その上で、あなたがたが次に行動に移そうと考えていることはその人の役に立つかどうか、自らに問うがよい。そのことでその人は何かを得られるか。その人自身の人生や運命の操縦権を取り戻すことができるか。言い換えれば、そのことは空腹な人々や霊的に飢えている数百万の人々の自由につながるか。そうすることで、あなたがたは自らの疑念や自我が徐々に消えていくのを認めるであろう(10)」。

## 心の貧しさを受け入れ平和の神を信頼する

私たちはどのようにしたら、個人として、また共同体として、心の貧しさと神の国の入り口に向かって歩んで行けるのでしょうか。これが八福の教えと山上の説教が提起する最初の問いです。神の視点から見れば、私たち一人ひとりは貧しく神に依存して生きています。神は私たちのことを、生まれたばかりの赤ちゃんを見るように——まったく無力で脆弱で自分ではどうすることもできない者として——見てくださっています。私たちの人生はいつ何時にも変わりうることを神はご存じです。病気になったり、仕事を失ったり、事故で苦しんだり、あるいは死ぬこともあり得ます。私たちは、自分が責任者である、自分は頼りなる、お金で動かすことができるといった考えで自らを欺いてはなりません。そうではないことを神は知っておられます。何らかの危機が襲うとき、私たちは自分もまた無力で神に依存した存在であるという真実に打たれます。こうした知恵をわきまえるために危機が襲ってくるまで待ってはいたくありません。

心の貧しさに向かって歩み出す一つの方法は、自分が破れていて無力であることを認め、受け入れることです。私たち一人ひとりは暴力の文化によって傷つけられています。私たちは皆、傷を負っており、それでいてほとんどの者が自分の傷の存在を認めていません。けれども、奥深いところでは、痛み――自分は愛されていないという痛み、両親や兄弟姉妹、そして現行文化に傷つけられたという痛み、人種差別、性差別、貧困、そして戦争という痛み――を感じているのです。ですから、痛みを鈍らせるために依存症的行為に走ってしまうのです。そうではなく、私たちは自分の傷の正体を明らかにし、その上でそれらを受け入れることで、自らの破れを認め、自分には他者と神が必要であることを見定めるのです。自らの脆弱性を受け入れ、自分が神に依り頼む存在であることに気づく中で成長するのです。自分の破れに気づくことは、私たちが神に依り頼む存在であることを理解するのを助け、破れと必要の中にある他者により寛大な共感の心を寄せるよう、導きます。貧しくされた人々との連帯と普遍的愛の中で成長するとき、私たちは正義と平和を求めるたたかいへと入って行くことでしょう。それが八福の教えの八番目、すなわち最後の教えがこの最初の教えと結びつく理由です。つまり、この二つは揃って神の国における今ここでの分かち合いを告げているのです。

ルカによる福音書では、裕福な役人がイエスから歩き去ったすぐ後、道端に座っていた目の不自由な物乞いがイエスに助けを求めて大声で呼びかけています。イエスは即座に応えて、この目の不自由な物乞いに役立つようなさいます。彼は「何をしてほしいのですか」と尋ねます。目の不自由な人が視力の回復を求めますと、イエスは彼を癒します。すると、それまで目が不自由であったこの男性は「その道の途上にある」イエスに従います。彼の心の貧しさが助けを求めて神に叫ばせ、神は彼を確かに助けられました。

私たちもまた神を待ち望んでいます。自らの破れの中に入り、自らの傷ついた姿を認め、自らの心の貧しさを見出して、お金や所有物を手放す。そうしたことはいずれも、神のもとへと私たちを導き、助けと導きが与えられます。私たちには帰るべき方が他にはいないのです。ですから、イエスに大声で呼ばわり、視力の回復を願うのです。私たちの貧しさと無明さのゆえにイエスは触れてくださり、癒してくださるでしょう。

自らの破れ、傷、無明さ、貧しさを神の前で認めるとき、私たちには謙虚という贈り物が与えられます。私たちはプライド、エゴ、傲慢さ、自己義認、そして他者に対する決めつけを去らせます。真の謙虚という平和の中へと入って行きます。そこで人はただ神のみを探し求め、神のみを待ち望み、神のみに聞き、神のみに依り頼むのです。そうする中で、他者、とりわけ経済的に貧しくされ、権利を奪われている人々を愛し、その人たちに仕えるのです。それが神の国、ここ地上における生のひな型となるでしょう。

## 心の貧しさと、神の国の豊かさへの入り口としての黙想とマインドフルネス

八福の教えの第一――神の国の経済学、心の貧しさ、そして神の国そのもの――に入るための道は、平和に満ちた日毎の黙想と実践、手放すことによる日毎の自己無化、日毎のマインドフルネスの道を通して開かれます。私たちは自らの力、プライド、所有物、そしてお金を穏やかに手放していき、静かに平和の神に向き合います。このことが私たちの日毎の内的生活となり、毎日生活する中で何度も戻ってくる実践となるのです。私たちは毎朝、平和に満ちた黙想の時間を規則的に取って、平和の神の現臨のうちに平和に座します。私がお勧めするのは、一回の黙想に二〇～三〇分を割いて、一人黙して座ることです。平和のうちに自分自身に集中し、注意が途切れてしまうときには穏やかな呼吸に戻り、神の臨在の中に信仰を通して入り、平和と希望、愛と信頼のうちに神に自分を委ねるのです。

こうした平和に満ちた黙想の経験は、道端にあって神が触れて癒してくださることを必要としていた目の不自由な物乞いのように、私たちをあるがままに神の前に置くものです。私たちは今この瞬間の平和、神の国の平和の中に入り、自分の痛み、恐れ、プライド、そして暴力を去らせます。私たちは、神によって愛されていると感じ、自分自身を受け入れていくにつれて、困窮の中にある人々を愛し、その人たちに仕えるために歩み出すことでしょう。ゆっくりと時間をかけ

て、私たちの傷は癒えていくでしょう。自分の破れと自分自身と和解するのです。私たちは、平和という今この瞬間、あらゆることについて平和の神にまったく依り頼む瞬間のうちに人生を生きることを学ぶのです。

平和に満ちた黙想を毎日実践することは、平和という今この瞬間の中で、お金や所有物やプライド、暴力、あるいは武器を必要とすることなく生きるよう、備えさせます。神への信頼を学び直すのです。私たちは神が私たちのためにそこにいてくださることに気づきます。すなわち、平和と愛に満ちた神の現臨を感じ取るのです。ゆっくりと時間をかけて、神の前での日毎の黙想の実践、お金や所有物を手放す実践は、「心の貧しさ」には益――霊的生活には、神の国には、見出されるべき大いなる「豊かさ」があるという益――があることを教えてくれます。

黙想することと無の精神に生きることを学ぶことによって、私たちは死の備えをいたします。恐れや怒り、苦しみ、憎しみ、あるいは暴力なく、苦と死へと赴くのです。私たちは、平和と希望と愛と共に神の現臨のうちに生きるよう自らを訓練してきました。ですから、いよいよ神に信頼し、平和と希望と愛のうちに自らを神に委ねるのです。

いつの日か、私たちが死に近づくとき、まったき心の貧しさを経験することでしょう。私たちにはそれを拒み、自分は決して死なないかのようなふりをすることができます。けれども、その方略はいつも失敗します。私たちは可能な限り豊かで力を持つようになれますが、ある日それらすべてを失い、相変わらず苦しみ死んで行くのです。イエスは大事なことをしっかりとなすよう、私たちを招いておられます。豊かさや力、特権を今手放し、自らを神に委ねて、死を究極的に去らせる備えをなし、神の国に既にいるかのように今を生き始めるよう、招いておられるのです。日常生活の中での黙想と物事を去らせる小さな経験は、より大きな瞬間へと私たちを準備させ、私たちに神の国でのいのちを味見させます。これらは私たちが死に備え、平和に今を生きる手助けとなるでしょう。

貧しさ、無、放棄、神と共なる黙想という霊的な道を追い求めるのであれば、ナルシスト的、ブルジョワ的霊性という自由主義的罠に気をつけなければなりません。私たちは豊かで力を有し、あるいは心地よいままでいることはできません。自分の中から外に出て、貧しくされた人々に積極的に仕えなければなりません。お腹を空かしている人々に食べ物を差し出し、ホームレスの人々に住居を提供し、病気の人々、牢に収監されている人々を訪ね、構造的な苦しみ、不正義、戦争を終わらせるために正義と平和を求めて働かなければなりません。このことについては、イエスは山上の説教の全体とマタイ福音書二五章を通して明快です。

仏教の師ティク・ナット・ハンは、神の日毎の現臨のうちに生きるための方法として、マインドフルネスの実践を勧めています。一歩一歩、一瞬一瞬、一息一息、私たちはイエスの聖霊のうちに生き、彼の平和のうちに呼吸し、愛をもって他者に手を差し伸べ、神に依り頼むことを学びます。私たちはあたかも神の国に既にいるかのように生きることを、復活の平和という新しいいのちのうちに住んでいるかのように生きることを実践するのです。私たちの日毎の生は、平和という神の国を証するものとなります。平和というキリストの復活の賜物に集中し、恐れや憎しみ、怒り、恨み、暴力を去らせることを学びます。私たちは、キリストの現臨に集中しようと努めます。落ち着いて非暴力であり続け、他者を愛し、その平和を放射しようと努めます。最もストレスのかかる危機の中にあっても、日毎の黙想から学んだ理解を保ち続けます。心の貧しさという自由のうちに、神に依り頼む中を生きていきます。そうすることで、神の霊が私たちの内側に入ることを許し、私たちを用いて他者に触れさせるようにします。私たちは今から後、平和という神の国に生きるのです。

私たちは、貧困と戦争を終わらせるために、そうした神への意識的な信頼と平和の場から正義を求める公然たるたたかいに加わります。すなわち、アフガニスタンの女性たちのような世界の最も貧しくされた人々との連帯の中に入り、そうした人たちと共にあるときにこそ豊かに祝されていることに気づくのです。

# 第3章　悲しむ人々は幸いである

イエスは言われます。「悲しむ人々は幸いである。その人たちは慰められる」と。イエスがこの偉大な説教を心の貧しさと悲嘆について語ることで始めておられるのには、やはり息を呑ませられます。それは私が自分の平和宣言を始める仕方とは異なっています。どうして彼はそのようになさるのでしょうか。おそらく、心の貧しさと悲嘆は、歴史を通して数十億の人々に共通する経験だからでしょう。そして、神の視点からすれば、神の臨在への入り口だからでしょう。イエスは、貧しくされている人々と抑圧されている人々が神への道の途上にあることを再確認しておられるのです。

多くの人たちが往々にして悲嘆を伴う貧しさや病い、飢えによって苦しんでいます。また、多くの人々が抑圧によって、そして戦争によって苦しんでいます。多くの人たちが不公正な状況にあって愛する者を失っています。多くの人たちがトラックに轢《ひ》かれたような思いを抱いて人生を生きています。この人々の貧しさ、悲しみ、苦しみは生涯にわたって続くでしょう。ですから、イエスは人々の痛みを正面から取り上げ、神の癒しと慰め、慰労を約束しておられるのです。彼は祝福を最も必要としている人々を祝されます。

次のことも覚えておきましょう。暴力的で死をもたらす帝国の占領下にある、遥か辺境の荒野において、イエスは周縁に押しこまれ困窮している女性と男性に向かって語りかけておられることを。彼の聴衆は希望なく、貧しさと悲嘆から逃れる術《すべ》を持っていませんでした。人々は苦しむことに慣れてしまって、辛うじて生きており、若くして死んでいく者でした。兵士らが定期的に村を巡回して、男性に従軍を強い、女性をレイプし、食料を奪い、家を焼いていきました。イエスは究極的な貧困と全面的暴力についてお語りになったのであり、それは私たち自身の生涯において――エルサルバドル、南アフリカ、ルワンダ、カンボジア、イラク、シリアのキリング・フィールドで見てきたことです。イエスは、打ち砕かれた民に語りかけ、その人たちが生きている現場で出会っておられます。そして、その人たちに正義と平和を求める神のたたかいに加わるという希望を与えておられるのです。

けれども、それ以上のことがあります。心の貧しさと悲嘆とは、平和を作り出す人々の日常体験であるということです。八福の教えと偉大な山上の説教を通して、平和の作り手イエスは、私たちをご自分のような平和の作り手に作り上げようとしておられるのです。それは、私たちは心貧しく、そして悲嘆する民とならなければならないという意味です。それが永続的戦争や構造的不正義、全面的暴力の世界にあって平和を作り、正義を打ち立てようと努力する者たちの規範的体験なのです。私たちは気がつけば非暴力的愛の力なさ、無力と無の中におり、かくしてあらゆる民、とりわけ貧しくされている人々、苦しんでいる人々、死にゆく人々への普遍的共感を持つものとされるのです。

カブールである朝、私は「アフガン平和ボランティア」のメンバーである男子青年と数時間を共にしました。彼は小さな村の大家族で育った二〇歳でした。かの地の危険で荒涼とした山々の情景では誰もがそうであるように、彼の家族は何も持っていません――お金もない、教育もない、健康保険もない、雇用もない、そして希望もない――でした。その人々が確実に知っていることは、暴力と戦争の毎日という脅威、飢えと貧しさの毎日という痛み、そして毎日の相互の慰め、神による慰めです。この人たちは皆、嘆き悲しむ人です。

「ぼくの義理の兄は、二〇〇八年にアメリカのドローンによって殺された」。崩れかかったビルの三階のがらんとした殺風景な一室で、お茶をすすりながら語ってくれました。「彼は学生だった。ある夏の夕方、友だちと近くの公園に行こうということになって、そこで座っておしゃべりしてたんだ。皆で静かに過ごしながら夜空や庭を眺めてた。そこへ突然、アメリカのドローンが近づいてきて、爆弾を一発、落とした。全員が蒸死だ。兄と他の皆の体は一片も見つからなかった。姉には二人の間に生まれた男の赤ちゃんが残された」。

彼は頭をがくんと落とすと、むせび泣きました。

悲しんでいる人々は幸いである。平和の神は、こうした暴力と嘆き悲しみに深い悲しみを抱いておられます。そして、愛に満ちた母親のように、この青年とアフガニスタン、全世界の悲しみに打ちひしがれている民を慰めるために、あらゆることをなしてくださいます。

「ぼくたち、アメリカのドローンの音は三日に一回は聞くよ」。彼は続けました。「蚊のような低いブーンという音。そいつらはぼくたちの上でホバリングする。日中、ぼくたちの上を飛び回り、夜も飛んでくる。ドローンは前についたライトが見えるんで、いつ来るか、どの辺を飛んでるのか、分かるんだ」。

「アメリカのでかい爆撃機が飛んでくることもある。そいつらはもの凄い音を立てるんだ。ここいらの全員、特に子どもたちだけど、皆アメリカ兵を怖がってる。アメリカの戦車、アメリカのドローン、アメリカの戦闘機を恐れてる。殺されるんじゃないかって、恐れてる。何年もの間、たくさんの人たちが爆撃で殺された。たくさんの家が壊された。アメリカの戦闘機が爆撃して、地域の人たちを一人残らず殺したとき、ぼくの一〇年生のときのクラスメイト二人も家にいた。殺されたよ。アメリカの爆撃機が爆弾を一軒の家とか、一つの村とかに落としたら、女の人や子どもたちを含む全員が死んでしまう」。攻撃目標を絞った爆撃だとか言っても、常に女性や子どもたちや罪のない人々を殺す結果に終わるのであり、それゆえに誰も爆撃されてはならないのです。

「ドローン攻撃とは罪のない人間を殺すこと」。青年は私の目を見ながら語り続けます。「こんなことが起こるのを人類は許しちゃいけないんだ。ぼくの知ってる誰もが、戦争が続くことは望んじゃいない。普通の人たちがそこら中で病気に苦しみ、戦争に疲れ切ってる。けれど、やれ戦士だ、やれテロリストだ、とぼくたちは鬼扱いさ。誰がタリバーンで誰がそうじゃないなんて、ぼくたちでさえ誰も知らないんだ。なのに、アメリカにいる誰かさんにこいつがタリバーンだなんて、言えるわけないじゃないか！　上空一万フィート（約三〇〇〇M）のドローンのカメラから見てる奴に分かるわけがない！」

数十億もの人々がこうした悲しみと共に生きています。けれども、このフレンドリーな青年や彼の仲間たちは、平和と正義のために働くことで悲しみと無力さを乗り越えようとしています。この人たちは平和共同体を立ち上げ、非暴力を毎日学んでいるのです。その恨み憎しみを他者のための積極的な非暴力行動へと転じさせています。その結果、戦争はやがて終わり、平和が統べ治めることでしょう。この人たちが平和の作り手として成長すればするほど、人間一人ひとりに対する同情心は増し、戦争と貧困が世界中で他者を抑圧し、殺している現実をますます理解することでしょう。この人たちが成熟した平和の作り手となるとき、すべての人への愛において心は大きく広くなることでしょう。けれども同時に、悲しみも増していきます。非暴力の民として、この人たちは今や、アフガニスタンのすべての人々、アメリカ合衆国のすべての人々、そしてあらゆる場所のあらゆる人間のために悲しんでいるのです。

私は非暴力について関心があるかどうか彼に尋ねました。「学んでるところだよ」。こう応えてくれました。「ぼくたちは皆、人間なんだということ。そして一人ひとりの人間は思いやりがあって、友だちになれるということ。ぼくたちは皆、同じなんだ。今のような分断を続けるんじゃなくて、ぼくたちは皆友だちでいるようにしなくちゃだめなんだ。非暴力はぼくにとっては、人と人の間に友情は可能だと理解することだったり、平和と友情の新しい世界を作るっていうことだ」。

## 死者を哀悼し、悲嘆する者を慰め、平和のために働く

他の数百万の人々と同じように、私は、二〇一五年六月の水曜日の夜、チャールストンのエマニュエルＡＭＥ（アフリカン・メソジスト監督）教会の中で起こされた、考えられないような虐殺事件によって殺された九人の教会人を覚えて哀悼するものです。この人たちは、週ごとの聖書研究会に熱心に通っておられました。私はこれまで、全米で数えきれないくらいの小グループと教会で過ごしてきました。けれども、誰かが銃を取り出して、集まっている人たちを皆殺しにするなんて、とても信じられません。私はまた、殺された人たち――図書館員だったシンシア・ハ

ード、スポーツ・コーチのシャロンダ・コールマン＝シングルトン（牧師、言語聴覚士でもあった）、教会の管理人エテル・ランス、毎週教会に通っていた八七歳のスージー・ジャクソン——のような、数千の愛すべき教会出席者たちに会ってきました。私はこの方々の苦しみと死に深い悲しみに包まれました。

とりわけ、クレメンタ・ピンクニー牧師の死を思い涙しました。何と良き牧者、偉大な地域リーダー、稀に見るキリスト的先見者であったことでしょう。彼はその四一年の生涯において、警察の暴力や組織的人種差別に抗して預言者的に声を上げるなど、数々の良きことをなしてきました。キリスト教共同体の最良の姿を具現していました。彼の死は本当に大きな喪失ですが、その素晴らしい人生に感謝を捧げたいと思います(11)。

この虐殺はヘイトクライムでした。暴力的人種差別、国内テロでした。報道によれば、教会出席者を殺害したこの青年は、二一歳の誕生日に父親から拳銃をプレゼントされたばかりでした。彼は反社会的行為者（ソシオパス）であり、憎悪と人種差別の提唱者、白人至上主義者であったと思われます。けれども、彼もまた私たちの銃とヘイト、人種差別、暴力、そして戦争の文化が産み出したものなのです。

他の数百万の人々と同じように、私はあらゆる殺人のゆえに悲しみ、涙する思いです。それでは、人はどこから始めたら良いのでしょうか。アマドゥ・ディアロ、オスカー・グラント、トレイボン・マーティン、ショーン・ベル、エリック・ガーナー、マイケル・ブラウン、タミール・ライス、そしてウォルター・スコットなど――以上はよく知られた人たちの名前に過ぎません――のアフリカ系アメリカ人に対する警察による殺人。(12) バージニア工科大学の学生たちやサンディ・フック小学校の子どもたち、ボストン・マラソンのランナーや応援していた人たち、そしてコロラド州オーロラの映画観客、日常的に行われている死刑執行といった大量虐殺。いくらでも続けることができるでしょう。

けれども、私の悲しみは世界の悲嘆と混じり合っています。人生はあまりにも辛い。犠牲者を伴った地震、津波、ハリケーン、竜巻、火事、洪水の数々。けれども、私は大変な貧しさと不必要な病いによって数百万もの子どもたちが声もなく死んでいること、そして戦争の最中、姉妹たち兄弟たちが計画的に殺されていることを嘆き悲しむものです。バグダッドの大司教とお会いしたときのことは忘れられません。彼は用意されたメモに沿ってメッセージを述べる代わりに、悲しみのあまり声を上げて泣かれました。私は一九八〇年代にニカラグアやエルサルバドル、グアテマラで出会った数百人のことを思い出します。この人たちは、愛する者がアメリカの支援を受けた殺人部隊によって殺されたときのことを泣きながら語ってくれました。私はまた、インドや南アフリカ、エジプト、パレスチナ、コロンビア、ハイチ、北アイルランド、フィリピンで、戦争と貧困という諸力によってもたらされた悲しみの涙が流されるのを目撃してきました。

それらはメディアを通して語られたり、聞かれたりすることはありませんが、私たち数十億の民が感じ取っているものです。方向を変えなさい、とイエスは求めておられます。普遍的な共感と連帯の心をもって、そうした悲嘆の中に足を踏み入れるよう、私たち全員に求めておられます。なぜなら、神が常にそのように感じておられるからです。そしてイエスは、神と同じように、嘆き悲しんでいる人たちを慰めるよう、自分のための神の慰めに気づくよう求めておられます。

自分が誰であるか忘れてしまうとき、私たちは人間であり、互いに姉妹兄弟であり、平和の神の子であることを忘れてしまうとき、暴力は始まります。そのことを失念するなら、あるいはそれを無視し、あるいは人間であるとはどういうことか学ぼうとしないなら、あなたの人生は意味を失うでしょう。あなたは他者を傷つけることができます。殺すことさえ、戦争での大量殺りくを支持することさえ可能です。なぜなら、大した問題ではないと思えるからです。そうなれば、あなたは既に反社会的行為者となっており、そのことに気づいてさえいません。あなたには共感の心はなく、共感なくして同情や理解、愛のうちに成長することはできません。

他方、非暴力は、あなたに自分が誰であるか——すなわち、一人の人間、平和の作り手、平和の神の子ども、地上のすべての人間の姉妹・兄弟、すべての被造物と被造世界(13)そのものと共にある被造者であること——を残された人生において毎日、思いめぐらすことを要求いたします。

自分が誰であるか想起し、それをわきまえるとき、あなたは他の一人ひとりが誰であるか——

すなわち、あなたの愛する姉妹・兄弟であること――に気づくでしょう。ですから、あなたは誰をも傷つけたり殺したりすることはできないのです。ましてや、銃を保持したり、軍に入隊したり、戦争を支持したり、核兵器を製造したり、暴力の文化に関わる何かをすることはできません。

他者を傷つけたり殺したりしないばかりでなく、あなたは自分の姉妹や兄弟を殺すことを止めさせるために、積極的に働くようになります。七二億の姉妹・兄弟たちと被造世界そのもののために、愛にあって自分のいのちを捧げるのです。これこそ霊的生活です。申し上げますが、チャールストンのあの夏の夜の聖書研究会はこのことと関わっているのです。これこそあの殺人者が把握できなかったことです。つまり、選挙制自治や企業メディアを越えて、人類と被造世界と一体となって人間として共同の招きを仰ぐということです。それはまた、生きているすべての人が節度ある非暴力の人間となれるよう手助けする、世界大の介入に関わるということです。それが、私が労働運動者のジョー・ヒル(14)に賛同する理由です。彼は一九一五年にユタ州で処刑されました。彼のモットーは短い一言ですが、核心を突いたものでした。「嘆いてばかりでいるな。団結せよ!」

世界中で起きている殺人に応えて、私たちは自分たちの暴力を放棄し、イエスやガンディー、キング牧師が教えたように、行動的非暴力に取り組まなければなりません。他の誰がこのことをなすというのでしょうか。政治家や政府の指導者はしないでしょう。軍の指導者はできません。

テレビのニュースキャスターは私たちを無視するでしょう。宗教指導者は怖がります。私たち自身の手で行わなければならないのです。他者のために道を開かなければなりません。私たちは悲しむ者です。ですから、団結して行動を起こさなければなりません。

普遍的な愛の民、あらゆる状況に即した共感の民、そして遍く広がる平和の民となるよう、八福の教えは私たちを招いています。私たちの心は人間家族全体、全被造物、地球そのものを抱き締めるために差し出され、広げられる必要があります。遍く広がる民として私たちはあらゆる民と共にあり、ドレスデンからヒロシマ、ベトナムからカンボジア、エルサルバドルからニカラグア、バグダッドからカブール、ガザからイエメン、ファーガソンからチャールストンに至る、恐るべき暴力の傍らに倒れたすべての死者たちの側に立つものです。私たちは立ち上がり、声に出し、ポジティブな社会変革のための世界大の草の根運動に加わります。最も貧しくされている人々、最も抑圧されている人々、そして最も悲しんでいる人々との行動的連帯において、こうした正義と平和を求める働きはすべての人のための平和という聖なる慰めをもたらしうるのです。

## 悲嘆という霊的実践

政府や軍隊、武器、そして世界規模に広がる不正な社会的、経済的、軍事的システムは、貧困や企業の強欲、銃、戦争、大量破壊兵器、不必要な疾病の広がり、組織的な環境破壊を通して、毎日、数万もの苦しみの中にある人々を殺しています。私たちがこうした暴力と死から私たちの姉妹・兄弟を救うために何もしないで座ったままでいるとすれば、自分はそれらの殺人には共謀していないなどと、どうして言い張ることができるでしょうか。私たちはどの人間とも一つなのだ、との認識、それは胸が張り裂けるような思いにさせるものですが、その認識は正義と武装解除のための非暴力的行動、そして殺人と戦争を終わらせるための非暴力的行動へと私たちを押し出します。その結果、私たちの姉妹・兄弟はすべて正義と尊厳、そして平和のうちに生きることでしょう。

もしすべての人を実の姉妹・兄弟として見るならば、実際、私たちは毎日悲しむことになります。私たちの姉妹・兄弟たちが毎日、数万人亡くなっている！　この事実は、私たちがこの惑星で何が起きているのか思いめぐらす度に、衝撃を与えます。私たちはある意味、人々の喪失をめぐる不断の悲嘆の中を生きているのです。ですから私たちは、暴力の影響を受けている人々や死者を哀悼する人々を慰め癒すためにできる限りのことをなし、人殺しを止めさせるために働くものです。

この八福の教えの第二項と共に、非暴力のイエスは次のように問われます。あなたは戦争で死んでいった人々のために悲しんでいるか。拳銃や爆弾、ドローン、致死剤の静注、核兵器によって殺された人々、飢えとそれに関連する疾病で毎日生命を奪われている三万の人々のために悲しんでいるか。あなたは世界の貧しくされている人々や困窮する人々の嘆きが自分の心に触れることを許しているか。世界大の苦しみを認識し、組織的な不正義を終わらせるために働いているか。あるいは、自身の避けることのできない悲嘆体験を遅らせようとして、背を向けてそこから立ち去るのか。私たちが世界中の姉妹・兄弟の死を嘆き悲しむとき、イエスは約束してくださいます。神が私たちを慰めてくださり、私たちは平和を見出すことができるであろう、と。けれども、この約束は私たちが嘆き悲しむことを要求いたします。ダニエル・ベリガン(15)がかつて言ったように、平和を作ることは悲嘆から始まるのです。

この八福の教えは、悲嘆を私たちの霊的実践の大切な部分となすよう招きます。週に一度、あるいは毎日でもよいのですが、時間を取って、嘆き悲しむ必要があります。神と共に沈黙のうちに座し、数千の姉妹・兄弟について嘆き悲しみ、数百万もの被造物と被造世界そのものについて悼み、私たち共通の喪失による痛みに心を引き裂かせるのです。そうすると、私たちは脆弱なものとなります。人類と被造世界の痛みの中に分け入って、その痛みを抱き締めます。そのようにしながら、私たちは悲嘆し涙する神と共に嘆き悲しむのです。そのとき初めて、私たちの心は砕かれ、平和の神が私たちを慰めてくださるでしょう。

私たちは悲嘆を日毎の霊的実践となすことによって、この世が知らないより深い霊的平和を見出すことでしょう。そして、山上の説教をしかと聞くための新たな力が与えられ、社会変革のための草の根運動に加わり、私たちのただ中に神の国を迎え入れることでしょう。

この八福の教えと共に、イエスは行動的非暴力と普遍的愛の心豊かな生について教えてくださっています。イエスはこの後で、喜ぶことを勧め、恐れと怒りを避けるよう奨めてくださいますが、それと同じように、成長するための感情として悲嘆を勧めておられるのです。これらの教えは、私たちが既に共通して持っている観念とぶつかるものです。けれども、よく聞いて実践するに価するものです。

世界の貧しくされた人々、抑圧されている人々と共に嘆き悲しむとき、私たちは平和と慰めをいただいて、正義と武装放棄を求める旅を続けることができます。恐れと怒りの霊にあってではなく、普遍的な共感という豊かな霊にあって。この霊の働きの中で、私たちは残された生涯、このたたかいに忠実であり続けることができるのです。そして、いつの日にか必ず、すべての者は慰められる、と深く確信することでしょう。

# 第4章　柔和な人々は幸いである

「柔和な人々は幸いである。その人たちは地を受け継ぐ」（『聖書協会共同訳聖書』欄外別訳による）とイエスは教えておられます。この「柔和な」という単語は、しばしば「謙虚な」とか「へりくだった」とか訳され、受動性を意味するものと思われています。けれども、イエスが唱えられた「柔和さ」には受動的なところはありません。イエスが語っておられるのは、勇気ある、力強く、貧しく、悲しみに満ちた、神に信頼している人のこと、確固たる非暴力の人のことです。その人たちは自分が何者であるか、神のみ前にわきまえている人々です。神は神である。自分たちは神ではなく、神の謙虚なしもべであり、神の息子・娘となる者である、とわきまえているのです。この人たちは、イエスのように、強く優しく非暴力的です。

イエスはこの祝福を詩編三七編一一節の教えと結びつけておられます。すなわち、「謙虚な人が地を受け継ぐ。その人々は豊かな平和を楽しむ」（原著者による）と。

トラピスト会の修道士であり霊的著述者であったトマス・マートンは、この祝福を生き通しための意識的な旅路のモデルとなりました。拙著 *Thomas Merton, Peacemaker* で述べたように[16]、彼は修道院の中で二七年間過ごし、毎日何時間も祈り、いのちと神に関するエッセイを書き、森の中を歩き、最終的には隠修庵で一人になって被造世界と共に過ごしました。

マートンは、単語「柔和」は「非暴力」の聖書的表現であると教えました。プライド、傲慢、暴力を称賛するのではなく、謙虚であること、低くあること、優しくあることをイエスがいかに称揚しておられるかを説いています。けれどもマートンは、イエスの優しさはマハートマー・ガンディーやマーティン・ルーサー・キング・Jrの行動的非暴力のようなものであると述べています。それは、人の人生を変えさせ、世界を変容させようとする、神の霊の中にある愛と真理の力なのです。この行動的非暴力の生は被造世界との一体性、豊かな喜び、深い平和へと導くものです[17]。

これらを結びつけてとらえるために、私はほとんど生涯を費やさなければなりませんでした。イエスが唱えておられる「柔和さ」と「非暴力」がどのように創造と結び合わさっているか、私にはまったく分かっていませんでした。人生の大半を都市で暮らし、暴力と不公正に囲まれて過ごし、柔和さや優しさや非暴力についてあまり語ってこなかったからだと思います。ニューヨークのブロードウェイからニューメキシコ北部の遠隔の砂漠に移り住んだことで、そうした結びつきを生き始めました。非暴力を実践し非暴力を生きることを追い求めるにつれて、私を囲んでいる砂漠の孤独が自分の故郷なのだと感じ始めました。

今では一五年近くになりますが、都市あるいは町から遠く離れた標高七五〇〇フィート（約二三〇〇メートル）のメーサ（周囲が急斜面あるいは絶壁で頂上が平らな地形）の上に建てられたトタン屋根と日干し煉瓦造りの小さな家に住んできました。電気は通っておらず、ソーラーパネルが頼りです。全方位、息を呑むような景観――サングレデクリスト山脈、オルティス山、ヤマヨモギとトショウの木が何マイルにもわたって生え、褐色のアロヨ（通常は枯れ川になっている険しい峡谷のこと）や峡谷、そして頭上には広大な真っ青な空――が広がっています。最初はここで一人で生きるんだと考えていましたが、別世界に足を踏み入れたことにすぐに気がつきました。――すなわち、私の周りに生命の網目を張り巡らしてくれている被造物の世界に、です。オオガラスとタカが空を高く舞い、ガラガラヘビとジャックラビットが家の周りをうろつき、コヨーテとボブキャットが定期的にやって来ては私のことを覗《うかが》う。こうした山頂部の平和の中で暮らした数年間は、創造を身近なものにしました。自分の中に平和を耕し、優しさと非暴力のうちに生きようと努めるとき、私は被造世界と一体となるのです。地を受け継ぐのです。

この教えは、今では本当によく分かります。私たちが自らを誇り、傲慢で暴力的で支配的であるならば、私たちが世界支配を支持するのであれば、地を受け継ぐことはないでしょう。文字通り創造自体から切り離されてしまうのです。大地の賜物を知ることはないでしょうし、大地の豊かな被造物たちの存在に気づくことさえないでしょう。ましてや、空気や風、空、雲、太陽、月、そして星々の力に感謝することもないでしょう。

壊滅的な気候変動を説明するのに、他にどのようにすればよいのでしょうか。数百年にわたる強欲、暴力、戦争、支配が私たち自身を他の被造物や大地から切り離してきました。私たちは被造世界と一体であることすら知りません。私たちが母なる大地から生み出されたことも、すべてのいのちが結び合っていることも知らないでいるのです。この一〇〇年、化石燃料を乱用し、空気と水を汚し、大地を爆撃してきました。その結果、私たちは今、強欲と暴力の結末に直面しています。気温が上昇し、海水面が上がり、氷原が溶け、種全体が消えつつあります。そして、異常気象による災害があらゆるところで大損害をもたらしています。多くの気象学者が予想するように、今後一〇〇年の間に、世界の平均気温は華氏で六度（摂氏で三・三度）上昇し、沿岸地域および島嶼《とうしょ》国家すべてが水没するに違いありません。数十億もの人々が故郷を離れざるを得ないでしょう。清潔な水や食料が不足して数百万の人々が不要の死にまみえる中、数百の新たな戦争が戦われることでしょう。こうしたことのすべてが既に始まっています。

イエスが柔和な人々、心優しい人々、非暴力の人々を祝福なさるとき、彼は詩編から学んだ真理をそのまま説いているのです。すなわち、柔和さ、優しさ、行動的非暴力のうちに生きるなら、あなたがたは被造世界と一体となり、平和の約束の地としての大地を受け継ぐであろう。あらゆる被造物、あらゆる被造世界と共に平和のうちに生きるであろう。そして、どのような人とも平和を築くことであろう。平和の神はあなたがたを豊かに祝福し、あなたがたのただ中に住んでくださることであろう、と。これが太初からの神のご意思です。神は私たちにエデンの園というかけがえのない創造の賜物をくださり、心優しい非暴力の神の子どもとして平和のうちに生きるようにしてくださいました。けれども、私たちはあっという間に傲慢と暴力へと転じてしまいました。互いに殺し合い、被造世界を破壊し始め、今や私たちが生きている間に大地とそこに住むすべての生き物を破滅させてしまう瀬戸際にまで達しています。私たちの地球規模の暴力は想像を絶する結末を招来しています。すなわち、大地自身が私たちを断ち切ろうとしています。

## 先住民の教え

最近私は、ニューメキシコ州で最も有名なプエブロ（アメリカ南西部の石や煉瓦造りの先住民の集団住宅のこと）の一つ、サンイルデフェンソでの栄えある一日を過ごしました。そこには、素晴らしい砂漠の景観の中、七五〇人が暮らしています。この人たちの先祖がバンデリアキャニオンから最初にここに来たのは、共通暦一三〇〇年頃のことでした。この人たちの故郷と聖地には、山々やメーサ、ロスアラモスの峡谷が含まれています。ロスアラモスには一九四〇年代初頭、ロベルト・オッペンハイマーとアメリカ軍がやって来ました。政府はこの人たちの聖地を盗んで研究所を建て、ヒロシマの原爆とその他数千もの核兵器を製造し、放射性廃棄物を峡谷や先住民、被造物の上に捨てました。数多くの先住民が私たちの核兵器産業のゆえに苦しみを受け、死んでいきました。

人はここに第三福を鮮かに見ることができるでしょう。先住民は、この人々自身の証言と歴史学者によれば、柔和さ、優しさ、非暴力を八〇〇年以上にわたって実践してきました。人々は互いにこつこつと、そして大地とその被造物と一つとなって平和に過ごすよう努めてきました。この人たちが住んでいる遥か上方、ロスアラモスのメーサの上で、ヨーロッパ系アメリカ白人が歴史上最も破壊的な兵器を製造してきました。その人々は一生を費やして核兵器を組み立て、完成させています。ロスアラモスは今では、億万長者と博士号保持者の人口比率がこの国の中で最も高く、最も富裕なカウンティ（郡）の一つにランク付けされています。他方、谷間に住む先住民は収入が二番目に低いカウンティに住んでいます。ロスアラモス市部の住民は、核兵器産業とそれがもたらす富に捉えられてしまっており、暴力、傲慢さ、プライド、世界大の支配の権化となっています。私が思うに、その人々は北アメリカで最も美しい場所の一つに暮らしているにもかかわらず、被造世界と完全に切り離されているのです。その人々は数百万もの人間を蒸殺し、大地とその被造物たちを破壊する武器を製造することに、良心の呵責を何ら感じていないのです。自分たちが何をしているのか分かっておらず、下方に住む先住民の反鏡像として立っています。

私がサンイルデフェンソ・プエブロで「母なる大地の集い」に参加したのは、ある気持ちの良い秋の晴れた日のことでした。集いは「テワ女性連合」という先住民の女性グループが企画したものでした。彼女たちは、ニューメキシコ州北部の先住民女性、子どもたちのためのヘルスケアと教育を擁護するグループで、核兵器と環境破壊を止めさせる活動も行っています。先住民の人たちは数百人のゲストを、朝食と昼食、音楽やスピーチでもてなしてくれました。草の生えていない空き地にブースが立ち並び、素敵な工芸品、ヘルスケアや教育、そして環境権についての無料の配布資料が置かれていました。フルートやドラムのミュージシャン、歌手たちが、伝統舞踊のダンサーもそうでしたが、一日中演奏してくれました。

私が非暴力についてのスピーチを行ったとき、こうした新しい友人たちから歓迎されたのは祝福でした。この人たちは、世界中の数百万の先住民と同じように、柔和であること、優しくあること、力強く勇敢であることを教えてくれています。この人たちは遥か昔に大地を故郷として受け継いだのですから、私たちがただ聞きたいと願うならば、北アメリカ人に教えるべき多くのものを持っています。そして、被造世界との連帯を通して、人間であるとはどのような意味を持つのかを示してくれています。

## 非暴力となる、大地とその造られたものを守る

この美しき祝福を生き通すためには、次のように自ら問わなければなりません。「私はどのようにしたら、平和の神のみ前で謙虚になって、より非暴力的、より優しく、より力強くなることができるのか。どのようにしたら、被造世界といよいよ一つとなって生きることができるのか。母なる大地を尊重し、地を受け継ぎ、あらゆる被造物と被造世界と共に喜びと平和のうちに生きることができるのか」と。こうした問いは、生涯にわたる黙想、集中、そして個人と地球レベルでの努力を要求するものです。

第一に、私たちはプエブロの友人たちのような人々から、優しさ、親切心、確固たる非暴力の道について学んでいきます。その道は、私たちの日毎の実践、意識的ないのちの道とならなくてはなりません。私たちは平和と優しさと柔和さのこの瞬間にあって、自らを訓練いたします。後から分かることでしょうが、このことは難しいことであるばかりでなく、癒しと慰めに満ちたものです。

第二に、私たちは毎日、神と共に静かな黙想のときを過ごすことにいたします。その結果、私たちの心は武装を解かれ、神の臨在のうちに平和を体験するのとまったく同じように、自分と他者と共に平和に生き始めるのです。私たちはゆっくりと時間をかけて成長し、神との関係の中に

生き、神に信頼し、神の守護のうちに住まうのです。私たちには武器も暴力も必要ありません。なぜなら、今から後、神が私たちを守り、神をして私たちの守護とならしめようと意識的に努めるからです。神との関係を深めるにつれて、私たちは宇宙における自分の位置を知らされます。私たちは神の愛する子どもです。神は私たちの愛する神です。私たちは今や、神と一つ、全人類と一つ、全被造世界と一つなのです。

第三に、この優しさと非暴力の、常に深まりいく霊の中にあって、私たちは生活の——日の出やそよ風、大海の波、夜の星々、月、猫のみゃぁおという鳴き声、青虫の美しさ、ハチドリの飛翔、コヨーテの遠吠え、雨、雪、そして出会う一人ひとりといった——シンプルな事象、生命の網目全体に喜びを感じるものです。被造世界とあらゆる被造物に寄り添えば寄り添うほど、私たちは環境破壊に抗する運動に参加し、全被造物と創造それ自体を私たちの愚かで邪悪な暴力から守ろうといたします。私たちはベジタリアンになります。送電網に頼らないで生活します。太陽光や風力発電といった代替エネルギーによって暮らします。カーボン・フットプリント（二酸化炭素排出量）を減らすあり方を探求します。私たちはまるで他の一人ひとりの人間と大地を分かち合っているかのように、大地は私たちの意識的で非暴力的な注意を必要とする私たち共通の母であるかのように、そしてまるですべての被造物が神の偉大なご計画において必要な役割を果たしており、私たちの保護をも求めているかのように、私たちはこのように行動いたします。

教皇フランシスコは、その美しい回勅『ラウダート・シ』の中で、壊滅的な気候変動のニュースに心が引き裂かれるような思いになるべきである、被造世界について大いに悲しむべきである、と示しています。そうすることで、私たちは被造世界のために全力を挙げることができるのです。教皇フランシスコは語ります。「進路を改めるべき物事がたくさんありますが、とりわけ変わる必要があるのは、私たち人間です。私たちには、共通の起源について、相互に属し合っていることについて、そしてあらゆる人と共有される未来についての自覚が欠けています。この基本的な自覚が、新しい信念、新たな態度とライフスタイルを成長させてくれるでしょう。私たちは、文化的で霊的で教育的な重要課題に直面しており、再生のための長い道に踏み出すようにとの要求を突きつけられています」[18]（二〇二）。「柔和な人々は幸いである」。イエスは主張なさいます。「その人たちは地を受け継ぐ」。この教えはとてもシンプルで、美しく、対抗文化的で、神秘的であるがゆえに、私たちの残る生涯をかけて追求していく価値のあるものです。私たちは地を受け継ぐ民となることができるのでしょうか。被造世界と一体であると実感できるでしょうか。母なる大地とその被造物たちのことを、私たちを愛してくださる創造者からの賜物として、常に尊重しつつ受け取る民となることができるでしょうか。ええ、できますとも！（Yes, we can!）

# 第5章　義に飢え渇く人々は幸いである

「義に飢え渇く人々は幸いである」とイエスは告げられます。「その人たちは満たされる」。多くの英語聖書は、訳語として「神のみ前で義しいことをする」といった場合の「義しい(righteous)」を用いています。それですと、誰か個人としての高潔さだけを表現しているように受け取られてしまいます。そうではなく、この語は神が私たちに要求する普遍的な社会的、経済的、人種的、政治的「正義」の探究について意味するものです。義とは、善いことを行うといった、単に個人的な実践ではありません。むしろ、以下のことを明確にする人間共同体の地球規模の責任を要約的に述べたものなのです。すなわち、すべての人間にはそれぞれに必要とするものがあるということ、誰もが他の一人ひとりの人間のための公平な意味での正義を追求すべきであるということ、そして誰もが相互の関係にあって、また被造世界と神との正しい関係にあって生きいているということを、です。

ああ、世界には正義がほとんどない。だからこそ、イエスは正義の神に代わって、社会的、経済的、人種的正義を情熱的に求めるよう、私たちに教えておられるのです。それこそが「義」というヘブライ語の意味であり、ユダヤ教が強調していることです。組織的、構造的、制度的不正義に対して、砕身粉骨、精魂込めて全力で抵抗せよ、とイエスは教えられます。正義を、まるでそれがわが身の糧であるかのように、わがパンと水であるかのように、そしてまったくその通りなのですが、生き死にに関わる事柄であるかのように追い求めよ。世界の貧しくされた人々、抑圧された人々のための正義を求めてたたかうことは、生き死にに関わる事柄、霊的事柄だからです。正義と平和の神との関係の中で、このたたかいに自分の命を捧げた人たちは満たされる、とイエスは約束してくださいました。

**満たされる**（あるいは満足する）ですって？　誰であれ、貧しくされた人々、抑圧された人々に配慮する者が、今日の組織的、構造的、制度的不正義に満ちた世界に、暴力的で死にまみれた世界に満足する気持ちになるなど、どうしてありえるでしょうか。あなたにこれまで不当な扱いを受けたことがあれば、また状況が好転して変革に至ったためしがないというのであれば、不正義の痛みはよくご存じでしょう。不正なシステムの中に――奴隷制や戦争、暴力、死の中に何の頼りもなく、賠償もなく、感謝も謝罪もなく――囚われてきたことを数十億の人々が歴史を通してどのように感じてきたか想像してみてください。些末なことでも正義を実践するのは稀で難しいのに、ましてや組織的暴力や帝国主義、経済的抑圧、戦争、核兵器、環境破壊の下で苦しんでいる、世界中の数十億の人々のための正義などまったく不可能に思えてしまいます。

ここアメリカ合衆国では、不正義が私たちを取り囲んでいます。数百万もの人々が都市の通りで惨めなホームレス生活を強いられ、苦しんでいます。私たちの巨大な富のただ中で、子どもたちが栄養失調状態に置かれています。人種差別が社会のあらゆる側面で深く根を張っています。白人――主に白人に数百年仕えてきた習慣や法、構造によって利益を得てきた者たち――は、黒人を劣等として扱っています。ほとんどの都市において居住地が今なお分離されています。多くの人たちがヘルスケアを有していません。医療費はときに数十万ドル（日本円で数千万円）に達するので、必要な医療を受けることが低所得者には不可能です。同様に、いまだ性差別がはびこっています。すなわち、ほとんどすべての職種で女性の平均賃金は男性のそれよりも低いのです。大多数のトップレベルの職位が男性に与えられています。また、大量の収監者が常態化しています。軽犯罪、暴力によらない犯罪が数年に及ぶ収監という結果となり、再犯防止には予算が向けられていません。黒人男性は白人男性よりも高い比率で収監されています。強行犯罪に対する死刑判決が極めて恣意的に下されています。裕福な白人男性が死刑囚となることは滅多にありません。（なぜなら、彼らは優秀な弁護士を雇うことができるからです。）貧しい黒人男性はしばしば死刑となります。刑事法制度が完全に破綻しているのです。私たちの都市では、警察官が四六時中有色人種の人々を恣意的に呼び止めて、攻撃、逮捕しています。白人至上主義の人種差別は、有色人種は既に有罪だと仮定して考えるのです。一方で、三億丁を超える銃が合衆国には存在しており、銃による暴力で毎年、三万人以上が死亡し、一〇万人が負傷――その数は戦争やテロ行為で殺されるアメリカ人よりも遥かに多い――しています。「ブラディ・キャンペーン[19]」によれば、合衆国では毎日、殺人や襲撃、自殺や自殺未遂、誤射、警察による捜査によって四八人の子どもないし一〇代が撃たれています。毎日、子どもないし一〇代の七人が銃による暴力で死亡しています。また毎日、二九七人の成人が殺人や襲撃、自殺や自殺未遂、誤射、警察による捜査によって撃たれ、八九人が銃による暴力で死亡し、二〇八人が撃たれたものの一命を取り留めています。

その他無数の事例を挙げることができるでしょう。たとえば、スーパーリッチやその企業がいかにわずかな税金しか払っていないか。合衆国政府が、あらゆる市民の全個人情報を、基本的人権としてのプライバシーを尊重することなく、世界中でいかに収集しているか。貧しくされた人々の間で、軍によるリクルートがいかになされているか。私たちの核兵器製造会社が貧しい地域でいかに放射性廃棄物を捨てているか。数十億ドル（日本円で数千億円）ものお金が軍や兵器にいかに浪費されているか。食べ物や住宅、ヘルスケア、教育、雇用、人間尊厳のためにあるべき私たちのお金が、私たちのために用いられる前に核兵器によっていかに強奪されているか。あまりに多くの悪事があり、あまりに多くの不正があります。あまりに不公平、まったくの悪であって、誰もがそのことに圧倒される思いになります。それで私たちは、情熱をもって正義を求めるたたかいに参集するのではなく、諦めて、見て見ぬふりをし、自分を無感覚にしてしまうのです。

こうした組織的不正義の地球規模の現実をあえて見るならば、人はまったくの絶望感を抱くことでしょう。たとえば、合衆国は世界人口のうち四・七パーセントを占めるだけですが、不公平にも世界の天然資源の六〇パーセントを占有し支配しています。一〇億を超える人々が毎日一・二五ドル（約一三〇円）で何とか生き延びているというのに。世界で最も裕福な八五人の億万長者が世界人口の半数以上の財産に相当するものを保有しています。幼稚園児でも、このことの不公平さが分かるというものです。

本書の執筆時点での調査によると、八億五〇〇〇万人が栄養不良で、毎夜、空腹で床に就いています。つまり、人類の一一・三パーセントが飢えているということです。すべての人間に平等に行き渡るだけの十分な食糧を世界は生産しているにもかかわらず、直近の統計——二〇一〇年のもの——によれば、年間七六〇万人の子どもたち、つまり毎日二万人の子どもたちが飢えて死んでいます。

**二〇一〇年だけで七六〇万人の子どもたちが飢えて亡くなった！**

発展途上国の子どもたち一五人に一人が、五歳になるまでに飢えに基因して亡くなっています。毎年、一七〇〇万人の子どもたちが母親の飢えによる栄養不良で生まれています。一〇秒毎に一人の子どもが飢えに基因して亡くなっているのです。こうした衝撃的統計は国際連合やユニセフ、その他の食糧機関、援助機関で入手できます。

けれども、極貧の深層は測り知れません。たとえば、「ハンガー・プロジェクト」と国連によれば、現在、一七億人が清潔な水へのアクセスが困難とのことです。これはゆゆしき不正義です。この一つの統計が組織的、構造的、制度的不正義から来ていることに留意せよ。豊かな者には水が手に入るのに、貧しくされた人々と国々には得られないというのです。およそ二五億人が水質に原因がある軽減可能な疾病によって苦しんでいます。世界人口の一二パーセントが全体の八五パーセントの水を使用しており、その一二パーセントのうちの誰一人として発展途上国には住んでいません（途上国のごく一部のスーパーリッチを除いて）。

こうした不正義の頂点に、戦争やドローン攻撃、爆撃、テロ攻撃、その他の大暴力があります。そして、数百万の人々を、多くの場合が罪のない市民たちを殺しています。先日、本書を執筆していたとき、合衆国の支援を受けた軍事攻撃によってイエメンの結婚式が爆撃され、少なくとも一五〇人が殺されました。このことはニュースにほとんど取り上げられていません。アフガニスタンのカンドゥーズでは、合衆国軍が「国境なき医師団」の病院を爆撃して、一二人（スタッフ一〇人と、子ども三人を含む患者一二人）を殺しました。一六〇〇〇発の核兵器が先制攻撃の態勢にある中、全員がヒロシマ、ナガサキの数十万の市民と同じように、蒸殺の可能性に直面していきます。石炭や他の化石燃料の使用制限を拒むことで、私たち全員が壊滅的気候変動という惨禍に直面しています。私たち全員が地球大の組織的、構造的、制度的不正義の犠牲者なのです。

## 私たちは何をなすのか？　正義を求めて飢え渇け！

私たちをむしばむ様々な形態の不正義について、人は長々と書き連ねることができるでしょう。そして、私たちは絶望の中でお手上げ状態となり、諦めてしまうのです。思うに、組織的不正義について情報を集めることでは、正義を求めるたたかいに加わるよう民衆を励ますことにはたいていつながりません。たたかいに加わるよう民衆を掻き立てるものが何なのか、私には定かではありません。神、あるいはイエスが、あるいはイエスご自身の処刑が私たちを目覚めさせるのかどうかさえ、分かりません。

けれども、この第四福においてイエスは、私が十戒よりも偉大な戒めであると考えているものを発せられます。すなわち、正義を求めて飢え渇け！と。

では、私たちはどのように義に飢え渇けばよいのでしょうか。それは、人生において地球規模の正義を第一とすることによってです。この祝福は、一つか二つの不正義の問題とたたかう草の根運動に加わり、そのたたかいに深く関わることを私たちに求めます。あらゆる不正義はつながっていますので、一つの不正義とたたかうことは、あらゆる不正義に対するたたかいに私たちをつなげることになります。マーティン・ルーサー・キング・Jrが繰り返して次のように述べた通りです。「ある場所の不正義は、あらゆる場所での正義にとって脅威である」[20]。組織的不正義の犠牲者の友となりましょう。その人たちの痛みに心を寄せましょう。不正義を終わらせるために運動に加わりましょう。正義のために収入の十分の一を捧げましょう。たたかいに自らを深く関わらせましょう。奴隷制度を廃するために生涯を捧げた奴隷制廃止論者のようにならなくてはなりません。その人たちの情熱溢れる関わり方は、イエスのそれと同じように、私たちの手本とならなくてはなりません。以下に、正義を求める近年の運動から三つの事例を紹介したいと思います。いずれも、私たちがそう生きるようにと召されている、飢え、渇き、情熱を証するものです。

二〇一三年七月、武器を携行していなかった一七歳のアフリカ系アメリカ人トレイボン・マーティンを殺害したジョージ・ジマーマンにフロリダ州の陪審が無罪を言い渡した後、三人のアフリカ系女性が人種的正義を求めて、権利の主張と抗議のための草の根団体「ブラック・ライブズ・マター」を立ち上げました。一年後、ミズーリ州ファーガソンで、ティーンエージャーで武器を持っていなかったマイケル・ブラウンが白人警察官ダレン・ウィルソンによって殺されたとき、ブラック・ライブズ・マターの抗議はセントルイスおよび全米に広がりました。その後の数か月の間に、全国メディアが注目する中、武器を所持していないアフリカ系アメリカ人男性が白人警察官によって数十人殺され、ブラック・ライブズ・マターは抗議を続けました。

ブラック・ライブズ・マターは、情熱溢れる活動者たちの緩やかなネットワークです。合衆国中の警察署に公共的圧力を強くかけて、警察の文化を変えさせ、人種差別に戻づく犯罪プロファイリング（レイシャル・プロファイリング）やハラスメント、青少年を含む武器を携行していない黒人男性への発砲を止めさせ、より信頼性の高い非暴力的共同体を創り出すことを目的としています。こうした草の根の取り組みは、武器を持たない黒人男性に対する白人警察官の暴力という進行中の危機についての意識を高めることに寄与しています。ブラック・ライブズ・マターのメンバーは、イエスが要求する社会的、経済的、人種的正義を求める飢え渇きのよい実例となっています。この人たちにとってそれは、会の名称に示されているように、生きるか死ぬかの問題です。

二〇〇五年、二五人のアメリカ人活動者がキューバのグアンタナモ湾を訪れ、テロリストの嫌疑をかけられた人々を拘束し拷問するためにジョージ・W・ブッシュとディック・チェイニーが設立した収容センターを訪問しようとしました。グアンタナモ、バグラーム[21]、そしてその他の場所の囚人たちは、告訴なし、法的代理人なし、裁判なしで収容されており、まったく正義がありません。この人々は暴力を受け、拷問され、無期限に収監されています。グアンタナモでは、合衆国にありながら、民主主義が公然と停止されているのです。

その旅の後、活動者たちは、グアンタナモの閉鎖、拷問と無期限の収監の停止、合衆国内のすべての囚人のための正義を要求するために、「ウィットネス・アゲンスト・トーチャー」を結成しました。この人たちは、二〇〇七年、一月一一日——二〇〇二年にグアンタナモ湾に最初の「対テロ戦争」の囚人が到着した日——を、「全米恥と抗議の日」と定めました。それ以来、毎年一月には、グアンタナモの囚人と同じようにオレンジ色のジャンプスーツと黒いフードを着て、ワシントンDCの通りを、連邦裁判所、最高裁、司法省、連邦議会、ホワイトハウスと巡って行進し、抗議の声を上げ、座り込み、断食し、市民的不服従を敢行しています。ウィットネス・アゲンスト・トーチャーの活動者たちは、拷問された人々、収監された人々と連帯して立ち、この邪悪な不正義を終わらせるよう要求して通りに出るのです。この人たちもイエスが要求する情熱溢れる事例であり、その掲げる理想は途絶えることはありません。

（また、二〇〇八年以降、バラク・オバマがジョージ・W・ブッシュの悪名高き拷問政策をさらに強めたことを注記しておく。容疑者を逮捕して収監する代わりに、オバマは暗殺リストを作成して、テロリストの嫌疑をかけられた者に対する超法規的暗殺を週に一回、承認していた。彼は正規の逮捕、裁判、収監という手続き、また拷問という非正規の手続きすら迂回して、露骨にも人々を殺したのである）。

合衆国、連合王国（UK）、世界中のその他の活動者たちは、「ジュビリー・デット・キャンペーン」を結成することで、世界の最貧国の長期債務を免除することを求めてきました。貧しい民のすべての債務を五〇年ごとに帳消しするよう求めたレビ記から団体名を採っているわけですが、この人たちは世界各国の指導者に手紙を書いたり、ロビー活動を行ったりするために数百万人を動員しています。「ドロップ・ザ・デット！」「メイク・ポバティ・ヒストリー」といった様々な連合体が運動を先導しています。二〇〇五年、G8は第三世界の一八か国の、そのほとんどがサハラ以南のアフリカ諸国でしたが、約四〇〇億ドル（日本円で四兆二〇〇〇億円）の債務を免除しました。この大きな前進は、世界規模の草の根運動の偉大な成果です。しかしながら、免除されるべき債務が一〇〇〇億ドル（一〇兆五〇〇〇億円）以上残されており、キャンペーンは継続されています。

## 義に飢え渇いているのなら満たされるであろう

これがイエスの約束です。私たちがこの惑星の苦しみの中にある姉妹・兄弟たちのために正義を求めてたたかうなら、満たされることでしょう。単に人生の意味や目的を見出すばかりでなく、正義の勝利を成し遂げることでしょう。最後に正義は勝つのです。真理は虚偽に打ち勝つのです。正義は不正義よりも強い。

それでは、このことはどのようにして起こるのでしょうか。イエスは不正な裁判官と忍耐強い寡婦のたとえの中で説明しておられます。

ある町に、神を畏れず人を人とも思わない裁判官がいた。その町に一人のやもめがいて、この裁判官のところに来ては、「相手を裁いて、私を守ってください」と言っていた。裁判官は、しばらくの間は取り合おうとしなかったが、後になって考えた。「自分は神など畏れないし、人を人とも思わないが、あのやもめは、面倒でかなわないから、裁判をしてやろう。でないと、ひっきりなしにやって来て、うるさくてしかたがない。」それから、主は言われた。「この不正な裁判官の言いぐさを聞きなさい。まして神は、昼も夜も叫び求める選ばれた人たちのために裁きを行わずに、彼らをいつまでも放っておかれることがあろうか。言っておくが、神は速やかに裁いてくださる。しかし、人の子が来るとき、果たして地上に信仰を見いだすだろうか。」（ルカによる福音書一八・二～八）

正義を求めるたたかいには長い時間がかかりますが、私たちの非暴力的忍耐と真実を告げる行為は最終的には勝ち抜いて、正義の良い実を結びます。真理は私たちの側にあります。つまり、神は正義の側におられるのです。マーティン・ルーサー・キング・Jrは、これも有名な言葉ですが、次のように述べています。「道徳的宇宙の弧はどんなに長くても、正義に向かって曲がっている(22)」。

義に飢え渇く。これはイエスの中心的教えの一つです。たとえ正義の勝利を生きて見ることはないとしても、生涯にわたる飢え渇きを通して、私たちは深い意味と満足を見出すことでしょう。

そして遂には、私たちの祈り、たたかい、草の根運動への答えをイエスご自身の中に見出すことでしょう。ヨハネによる福音書によれば、イエスが私たちの飢えと渇きを終わらせてくださるのです。イエスは私たちのために――義に飢え渇くすべての者のために――永久に私たちを癒す「生けるパン」「生ける水」として存在し続けてくださいます。彼を通して、私たちは決して飢え渇くことはありません。飢え渇く代わりに、平和という彼の永遠のいのちをいただくのです。これが彼の心からの約束であり、だからこそ私たちは正義を求める地球規模のたたかいにあって前進するのです。

# 第6章　憐れみ深い人々は幸いである

「憐れみ深い人々は幸いである」とイエスは告げられます。「その人たちは憐れみを受ける」。イエスは言われます。私たちは一方の手で正義を求めてたたかいつつ、もう一方の手で憐れみを、とりわけ私たちを傷つけた人々、そして暴力の文化によって憐れみに値しないと宣告された人々に差し出すものである、と。人生の中で毎日、憐れみを示すよう、憐れみをして私たちの生きる道となすよう、そして新しい憐れみの文化を創る手助けをするよう、イエスは私たちを招いておられます。そのようになすとき、私たちにも憐れみは示される、と約束してくださっています。差し出すものは戻ってくるからです。

憐れみには他者に対する共感や可哀そうにと思う心が含まれています。その人たちに同情を示すこと、愛されていない人々や貧しくされている人々、周縁に置かれている人々への無条件の愛を実践することが含まれます。さらには、憐れみは人々を苦境から脱却させることも意味しています。また、とても赦されないと思われる人々に情けをかけること、その人には誰も憐れみを示さない日に親切にし、赦すことを含んでいます。憐れみ深い人にとっては、報復とか仕返しとかいったことはないのです。

イエスは、山上の説教をお語りになったそのすぐ後で、人々の群れに向き直って次のように言われました。「『私が求めるのは慈しみ（憐れみ）であって、いけにえではない』とはどういう意味か、行って学びなさい」（マタイ九・一三）。イエスはその意味を学び、実践することを私たちに望んでおられ、憐れみということの意味を探求して実践する、生涯にわたる旅路へと一人ひとりを送り出されたのです。

誰にとっても、自分の人生が理解できるのは良い道でしょう。イエスは、私たち一人ひとりが憐れみの意味と憐みに対する神の求めを学ぶことを望んでおられます。イエスの宣教、そしてこの祝福の教えは、私たちが他者に向けて憐れみを示したいと願い、神は憐れみ深い方であると信じているなら、自分がいかに憐れみ深いか、自問するよう私たちを押し出します。もちろん、私たちも人々が自分に憐れみを示してくれることを願うものですが、そもそも私たちは他者に憐れみを示しているでしょうか。私たちはどのようにすれば憐れみの民となることができるのでしょうか。憐れみを示したくないと思う人とは誰なのでしょうか。どうすれば、心と魂を広くすることができ、憐れみを示すにふさわしくないと思う人々に憐れみを示すことができるでしょうか。どのようにすればより憐れみ深い文化を創ることができるのでしょうか。

愛と平和と同じく、憐れみも自分から始まります。私たちは自分を苦境から脱却させ、自分を赦し、自分自身に親切で非暴力であることを学ぶことから始めるのです。自分に憐れみ深くあることでもたらされる内的平和を感じ取り、それを大切にするのです。自分に向けての憐れみを耕すとき、私たちは他者に向けての憐れみの示し方を学びます。他者に対して私たちは同じことをいたします。すなわち、人々を苦境から脱却させ、赦し、親切で非暴力的であるようにします。そして、平和を感じ、他者に憐れみ深くあることから得られるよき実を育むのです。

最も偉大な憐れみの実践者は、フランスのカルメル会の若き修道女リジューのテレーズです。彼女は、修道院の不機嫌で横柄で意地悪で、敵対的に向かってくる修道女たちに、とくに無条件の愛と憐みを実践しました。彼女は専心し、自己犠牲と弛《たゆ》まない粘り強さを用いて憐れみを実践しました。自伝の中で告白しているように、こうした日毎の実践は極めて困難なものでしたが、彼女はそのことが神のご意思であり、道であると考えました。翻って彼女は気づきました。彼女が周りの意地悪な修道女たちに実践しようとしているのと同じ忠実で真剣な憐れみを、神が彼女に示しておられることを。憐れみこそ霊的生であることを彼女は学んだのです。憐れみこそ神のご性質です。憐れみこそイエスの教え全体の核心です。

テレーズの生涯は憐れみの力というものを証明しています。彼女は、身の周りにいる人々に憐れみ深くあることの祝福を現しています。私たち一人ひとりが、出会う人々に対して憐れみ、非暴力、共感を実践することができるのです。テレーズと同じように、弛まない粘り強さを伴いながら。

## 憐れみの政策

憐れみは報復や仕返しの対極です。憐れみは、私たちを傷つけた人たちや私たちが愛する人たちを意識して赦すことを必然的に含みます。憐れみの到達点は、愛する者を殺した人々を赦すことです。報復や仕返し、恨みではなく、私たちは赦し、同情を差し出し、私たち自身と私たちがつながる一人ひとりのための平和に向かって進むのです。憐れみを追求することとは、愛と共感の限界を押し広げ、それらがいかに限界を持たないか見出すことです。それは、私たちの憐れみなき文化を憐れみの文化へと変容させることです。

ヨハネによる福音書八章では、姦淫のかどで捕らえられた女性を男性宗教指導者――律法学者とファリサイ派――がイエスの前に引き出してきました（テキストにはこの姦淫に関わった男性については何も触れられていません）。彼らは、この女性は聖書に従えば石打ちの刑で殺されなければならないとして、どうすべきかイエスに問いました。

これは歴史上、最も非暴力的な対応の一つであると思いますが、イエスはかがみこんで地面の上に何か書き始めます。このことが彼らの宗教的怒りと死刑にしようとする意志を削ぐことになりました。イエスは静かにもう一度彼らの注意を引き付けると、身を起こして新しい戒めを提示します。「あなたがたの中で罪を犯したことのない者が、まず、この女に石を投げなさい」。そして、再びかがみこんで地面に何かを書き出します。そうするうちに、年長者からはじめて全員が歩き去っていきました。

けれども、物語はそこで終わりません。イエスは、辱めを受けた女性との会話に入ります。彼は彼女に問いかけ、彼女に聞き、尊敬と尊厳をもって応対します。イエスは尋ねます。「あの人たちはどこにいるのですか。誰もあなたを罪に定めなかったのですか」。「主よ、誰も」と彼女は答え、彼も「私もあなたを罪には定めません。行っていいですよ。これからはもう罪を犯してはいけません」(『聖書協会共同訳聖書』を一部変更)と返します。

イエスに従う者として、私たちの憐れみも暴力的な人々を武装解除し、死を宣告されている人たちを救い、誰もが平和のうちに歩いて行くことができるよう手助けしなければなりません。そうしたことが、憐れみがもたらす政策的、非暴力的実りです。

それでは、憐れみの政策とはどのようなものなのでしょうか。憐れみの政策は、個人としてであれ、国家としてであれ、誰かが私たちを打つとき、打ち返さないことを要求します。イエスの憐れみの政策を実践する究極の機会が二〇〇一年九月一一日の後に訪れました。私たちが攻撃されたとき、私たちは瞬時に世界中の共感を得ました。一九九〇年代を通して、私たちはイラクとパレスチナの数十万もの人々を傷つけ殺していました。すなわち、一九九一年にはバグダッドを爆撃し、経済制裁を科すことで五〇万以上のイラクの子どもたちを殺しました。そして、イスラエルによるパレスチナ占領に資金を提供しました。私たちの暴力が、おかしくなってしまった自爆テロリストによる九・一一の報復的暴力を導いたのです。では、私たちはどのように応じたのでしょうか。アフガニスタンを爆撃し、侵略することから始めて、イラクに対する全面戦争を開始させました。しかしながら、イラクは九・一一の攻撃とはまったく無関係でした。アフガニスタンとイラクに対するアメリカ合衆国の戦争は、これは今日も続いていますが、その後一〇〇万以上の人々を殺し、少なくとも一〇億の人々に私たちに対する敵愾心《てきがいしん》を抱かせました。そうではなく、その代わりに何ができたのでしょうか。憐れみという非暴力の政策でもって応じることができたはずです。ツツ大主教は当時、次のように発言しました。合衆国の爆撃機一機で、アフガニスタンに三〇〇〇の学校を建てることができる、と。子どもたちを爆撃するのではなく、貧しくされたアフガニスタンに学校を建設することで応じていたなら、私たちは全世界を勝ち取っていたでしょう。世界中の憐れみが弾みながら私たちのところに戻ってきていたでしょう。そして、私たちは世界がいまだ知らない類の平和へと進んでいたでしょう。

イエスの憐れみの政策を立法化する国家的機会として、死刑制度の廃止があります。イエスは人間を処刑することに反対なさいました。死刑を宣告された女性を救い、死を申し渡すことを拒否なさいました。その後、彼自身が死刑を宣告され、処刑されました。一九七六年以降、合衆国は一四〇〇もの人々を処刑してきました。[23] DNA鑑定を用いて――無実であることを証明することによって――「イノセンス・プロジェクト[24]」は、一五三人を死刑房から解放することに助力しました。憐れみは、人間を殺さないようにと私たちに呼びかけています。特に、人を殺すことは間違っていることを示すために、人を殺した人を殺さない！よう、憐れみは私たちに求めています。イエスが姦淫のかどで捕らえられた女性を殺すことを止めさせたように、私たちも世界中で他者を殺すことを止めさせるためにできる限りのことを行います。私たちは無実の人を一人も殺したくはありません。紛争解決手段としての殺人を終わらせる手助けをしたい。イエスの教えを紐解くとき、私たち全員があの宗教指導者たちのように自分が有罪であること、私たち全員が救われるべき存在であることに気づくことでしょう。そして、非暴力のイエスが命じておられることを行うとき、暴力と殺人を終わらせることは可能である、と気づくことでしょう。

二〇一五年九月三〇日、オクラホマ州は無実の人リチャード・グロシップを処刑する数分前に至っておりました。彼は、ある人を殺すために別の人物を雇ったかどで有罪とされていました。後に真犯人が親戚や他の収監者を含む多くの人々に語ったところによると、彼は自分が死刑にならないようでっちあげの証言をしたのでした。リチャードの処刑予定日に先立つ数か月前、ベストセラー『デッドマン・ウォーキング』の著者であるシスター・ヘレン・プレジャン[25]が新しい弁護士を雇って、再審を求める数十万筆の署名を集めるという請願運動を展開し、スーザン・サランドン、リチャード・ブランソン、フィル・マッグロー（ドクター・フィル）といったセレブの支援を得ました。リチャードの処刑を公約していたオクラホマ州知事は、文字通り最後の一分のところで、致死薬剤に問題があるという理由で執行停止命令書を発行しました。友人であるシスター・ヘレンと死刑廃止運動のメンバーたちは、現時点でリチャードの助命を維持しています。[26] 憐れみが私たちに死刑制度を完全に廃止させ、その結果、無実の人が二度と処刑されることがなくなるよう、最も暴力的な人間であってもすべての人が癒しの再犯防止リハビリテーションの機会を得ることができるよう、願うものです。

憐れみはハードワークです。憐れみが標準的実践、生き方とならなくてはなりません。「カトリック・ワーカー」の共同設立者であったドロシー・デイ[27]は、古《いにしえ》の「憐みのわざ」をキリスト者の理想としてしばしば引用しています。すなわち、飢えている人に食べさせ、喉が渇いている人に飲ませ、裸でいる人に着せ、家のない人に住まわせ、病気の人を訪ね、牢獄にいる人を訪ね、亡くなった人を埋葬すること、です。彼女が言いたかったことを強調するならば、彼女はキリスト教的「憐みのわざ」を現今文化の「戦争のわざ」すなわち、収穫と畑を破壊し、食料の供給を止め、家々を破壊し、家族を散らし、水を汚染し、反対者を投獄し、傷や火傷を負わせ、生きている者を殺すこと、と対照させました。

憐れみのわざを共に実践している最良の事例が、ジョージア州北東部の数百エーカー（数キロ平米）の土地で生活するキリスト教共同体「ジュビリー・パートナーズ」(28)です。友人であるドン・モズリーによって設立されたジュビリー・パートナーズは、四〇年以上にわたって戦火の中にある世界中の三〇か国以上から、四千人以上の難民を受け入れてきました。難民は怯えて疲れ切り、孤独で寂しく感じ、混乱し、故郷の戦闘地域で受けた瀕《ひん》死体験からトラウマを抱えて到着します。共同体メンバーの親切心に触れて、食べ物や着物、住居、医療ケア、教育、チャイルドケア、交通手段、雇用支援、やがては町での定住と共に、難民は生きるための麗しい場所を得ます。英語を学び、平和のうちに生活を再建するために必要なあらゆるものを提供されます。

ジュビリー・パートナーズはまた、戦争を終わらせる活動をする、他の広範な平和運動に連帯して活動しています。この人たちは、代表団を結成して中央アメリカやイラクの戦闘地域に送り、子どもたちのための医薬品を運んでいます。そして、ジョージア州の死刑制度廃止のためにも働いています。そして、死刑房にいる人々とその家族のための司牧を提供しています。死刑が執行されてしまったときには、殺された方の遺体をジュビリーの墓地に埋葬します。この人たちは、一人のために、そしてすべての人に向けての憐れみを実践しており、憐れみの共同体とはどのような姿であるのかを私たちに示しています。

トマス・マートンは、彼の日記『ヨナのしるし』の最後のところで、神のことを「慈悲の中の

慈悲の中の慈悲[29]」と定義しています。イエスにとっては、それが私たち一人ひとりの目標であり、私たちは神のように憐れみ深くありうるし、憐れみの中の憐れみの中の憐れみとなりうるのです。

# 第7章　心の清い人々は幸いである

「心の清い人々は幸いである」とイエスは言われます。「その人たちは神を見る」。心の清さは、山上の説教の最も捉えどころのない目標であり、最も明瞭な要求です。イエスは、神の存在に私たちを開かせ続ける内的純粋さと子どものような驚きへと私たちを向けられます。私たちはこの内的純粋さを携えて、周りにいてくださる神を見始めます。この祝福だけで、一生をかけた学び、生涯にわたる霊的探究に値するでしょう。

ガンディーにとってもこの祝福は最難関でした。友人たちとの四〇年を超える文通の中で、彼はそのことに繰り返し言及しています。それでは、彼はどのようにして「心の清さ」に到達し得たのでしょうか。彼は、インドのために公共的に探求した非暴力を自身の中でも持ち運ぼうと願いました。イエスが表した平和の内的統一性と同じものに達したいと求めたのです。自伝の最初のところで述べているように、彼は「顔と顔を合わせて神を見る[30]」ことを願いました。

この祝福は、他の祝福と同じように、私たちが主流文化から教わってきたあらゆることに反するものです。単語「清さ」は警告を発動させます。清さとは何か？　清くなることは可能なのか？　清さはある人たちにとっては完全を、そしてほとんどの人にとっては行き詰まりを意味します。それは到達不能なゴールであるばかりか、それを追い求める者はついには善よりも害悪をもたらしてしまいます。清く完全であることを追い求めることによって、自分のことでいっぱいになってしまう。結果として他者を裁くようになり、さらには極端にも自己義認的、権威主義的になってしまうのです。この種のファンダメンタリズムは、善人を神の名において大変な害悪をもたらすところにまで運んでしまいます。福音書に出てくる、イエスを殺そうとした宗教権力者（その後、実際にそのようにしたわけですが）であれ、今日世界中の宗教に存在する暴力的ファンダメンタリストであれ。

私はここでの「清さ」が完全を意味しているとは考えませんし、到達不能なゴールであるとも思いません。イエスが心の清さへと私たちを招かれるとき、彼は、すべての他者、被造世界全体、そして創造者への愛と共感という、常に開かれている心を目指す内的旅路へと招いておられるのです。心の清さ、あるいは内的清らかさは、固定された目標ではなく、一つのプロセス、一つの生き方です。彼は、石のような冷たい心ではなく、柔らかな脈打つ心へと私たちを招いておられるのです。この道を悟るとき、この祝福は愛と共感、非暴力と平和の内的旅へのわくわくさせるような招きとなります。

マルコの福音書の前半におけるファリサイ派との対決は、イエスの一貫した革命的教えを提示しています。私たちに告げられるのは、イエスの弟子たちが「汚れた手、つまり洗わない手で食事をする」（マルコ七・二）という理由で、ファリサイ派の人々と律法学者たちがイエスを攻撃したことです。著者は括弧書きで次のような説明を加えています。「ファリサイ派の人々をはじめユダヤ人は皆、昔の人の言い伝えを守り、念入りに手を洗ってからでないと食事をせず、また、市場から帰ったときには、身を清めてからでないと食事をしない。そのほか、杯、水差し、銅の器や寝台を洗うことなど、守るべきこととして受け継いでいることがたくさんあった」（七・三〜四）。

イエスはこれら宗教指導者のことを、口では神を敬うが心は神から遠く離れてしまった「偽善者」と呼んでいます。そこでイエスは群衆を呼び寄せて、こう言われます。「外から人に入って、人を汚すことのできるものは何もなく、人から出て来るものが人を汚すのである」（七・一五）。

その後、彼自身の弟子たちがこの革命的教えについて尋ねます。イエスはそのことに大変お怒りになりながらも、もう一度すべてを説明なさいます。「すべて外から人に入って来るものは、人を汚すことができないことが分からないのか。それは人の心に入るのではなく、腹に入り、そして外（便所のこと）に出されるのだ。……人から出て来るもの、これが人を汚す。中から、つまり人の心から、悪い思いが出て来る。淫行、盗み、殺人、姦淫、貪欲、悪意、欺き、放縦、妬み、冒瀆、高慢、愚かさ、これらの悪はみな中から出て来て、人を汚すのである」（七・一八〜二三）。言い換えるならば、手を洗うことに執心するなということです。そうではなく、あなたがたの心を洗いなさい！　あなたがたの内面において、清く、非暴力的で、平和と愛に満ちるよう努力せよ。あなたがたはそのようにできるし、そもそものように造られているのだから。

イエスにとっては、古のユダヤの預言者のように、心がすべてなのです。けれども、教養的な宗教では心は最後の事柄に過ぎません。あまりにもしばしば宗教指導者は、自らの見栄えと礼典的義務の遂行を聖性の指標として強調します。そうした評定尺度は往々にして、人の週毎の経済的貢献を重視します。他方、内的生活はほとんど考慮に入れられません。しかし、神にとってはそれこそが事柄のすべてなのです。

イエスにとっては、文字通りとしても比喩としても、そして霊的にも、心がいのちの中心です。この世界のあらゆる悪と、あらゆる善――愛、親切、共感、非暴力、正義、憐れみ、平和、そして喜び――は私たちの内側から出て来るのです。霊的生は私たちの心の日毎の継続的な実践です。私たちは心が固くなって死んでしまうのではなく、活発に動くことを望みます。私たちは善、親切、愛、共感、非暴力、正義、憐れみ、そして平和に向けて心を伸ばし、広げ、強めます。私たちの心は神に属しているのですから、神に心を差し出し、神のためによく機能するよう心を清く純粋に保つよう努めます。私たちの内的平和と非暴力を通して、心の鍛錬を通して、私たちは平和と愛の神が住むことのできる内的空間を造り出すのです。神のための家《ホーム》を私たちの内側に作るのです。

## 非武装、非暴力の心を目指す旅

「自分の唇でもって平和を告げ知らせるときにこそ、注意して自分の心の中で平和をより豊かに抱くようにしなさい」。かなり昔ではありますが、聖フランシスコは平和と正義を求める公共の場での働きと内的生活とをこのように結びつけました。

正義と憐れみ、平和を気遣う人たちは、内的武装放棄を探求する際、自分たちの内側にある暴力の根を探るために、自らの心を深く掘り下げる必要があります。内的平和と非暴力の追求と実践を通して、私たちは暴力の根がいかに深くはびこっているかを見出します。内的平和、内的非暴力、内的清さに献身し、今まで誰も知らなかったような、生涯をかけた内的仕事に就きます。私たちは毎日、黙想して平和の神を観想いたします。私たちのあらゆる内的暴力、不正義、憎しみ、敵意、怒り、好戦的思いを神に託し、私たちの心を武装解除させることを神に委ねます。私たちは内的清さという賜物を請い願います。そうすることで、私たちが他の人々に示してほしいと願う愛と平和を一人の人間として放射するようになるのです。

平和と愛と非暴力の人であるとは、私たち自身の内側が平和であるということです。イエスはこのことのすべてをご存じで、それを具現なさいました。イエスは清い心を持ち、非暴力の心、後に教会が「聖心」と言い表したところの心を持っておられました。あるときは、ご自分が「柔和で心が謙虚」であることを打ち明けておられます。あらゆる暴力、不正義、そして死は内側から来る、その人自身の心から来る、そのようなものとして描かれました。けれども、ご自身の中には暴力の分子は持ってはおられませんでした。このことは彼の「聖心」を理解する際の大切な観点でしょう。イエスの綿密な非暴力は、彼の心の清さと非暴力から流れ出ていました。これと同じ心の清さを追い求めるよう、神に私たちの心を武装解除させるよう、そして非暴力と聖心を育むよう、彼は私たちを招かれます。このことはまったく不可能ではないとしても、かなりきついことです。けれども、日毎の祈りと静想、そして非暴力に向けての弛まない努力が私たちを癒し、私たちの武装を解き、私たちを変容させるのです。これは心決めるに値する目標です。これが神のビジョンに向かう路なのです。

## 内的平和と心からの共感という仏教の道

現代の多くの仏教の師が、内的共感と愛に満ちた親切心、そしてマインドフルネスの実践理論を立てています。内的平和と非暴力に関して私が思い浮かべる最良の導師は、ペマ・チョドロンとティク・ナット・ハンです。二人は私たちが内的清さという祝福を実践する手助けとなります。そのようにして私たちは、イエスのように「柔和で心のへりくだった者」（マタイ一一・二九）となるのです。トマス・マートンは亡くなる直前に次のように言っています。私たち皆にとって、より良いキリスト者になるためにはこのような仏教の教えが有益である、と。

ペマ・チョドロンはアメリカで生まれた尼僧・教師で、カナダのノバスコシア州のガンポ僧院に住んでいます。『すべてがうまくいかないとき』[31]『チベットの生ける魔法』[32]といったベストセラーの著者です。彼女は、共感、愛に満ちた親切心、自己受容についての北米最良の教師である、と私は思っています。

良識ある仏教の知恵を通して、怖れや攻撃心、あるいは否定的感情から逃れるのではなく、それらに気づくことが大切だと彼女は提言しています。

意地悪な言葉や皮肉、軽蔑的あるいは不同意を示すような顔の表情、攻撃的なしぐさ――それらはすべて害を生じさせる原因となります。私たちが最初になすべき関与は、私たちがまさに限界まで追い詰められたときに感じるものに懇《ねんご》ろに触れるほどにゆっくりと、すなわちけんかを始めるか引き下がるか、弱い者いじめになるか感覚を失うか、そうした衝動に十分に触れるほどにゆっくりと落ち着くことです。渇望感、嫌悪感、声を上げたり何か行動したりしたいとの衝動に対してとてもマインドフルであるようになるのです。

他者や自分自身を傷つけることがないようにするための第一歩は、習慣的なパターンで行動しないということです。私たちが衝動をこらえるときには常にそのままにしてきた未熟さに触れるとき、自己変容のプロセスが深いレベルで始まります。私たちの攻撃的傾向に取り組む一つの方法として、ズィガー・コントゥルは「とろ火にする」という非暴力的実践を説いています。「スープ料理の肉のように、攻撃性の中でぐらぐら煮るのではなく、その中でとろ火にする」と言っています。私たちはあえて待つ、すなわちいつもと同じ仕方で声を上げたい、行動したいとの衝動をあえて抱えて忍耐強く座し、顔を背けたり屈服したりすることなく、その衝動の力を全面的に感じながら受け止めるのです。抑圧するのでも拒むのでもなく、両極の中間に留まる。イエスとノーの中間、正と誤の中間、真と偽の中間に留まるのです。これが痛みに対する心優しく粘り強い忍耐を成長させる道です。「とろ火」は内的力を得るための一つの方法です。それは私たちが自分への信頼――私たちは不安の感情、実質のなさ、いのちの根源的な不確かさを経験しうるのだ、他者や自分自身に害を及ぼすような仕方で振舞うことなく自分の精神と連携しうるのだという信頼――を築く手助けをします(33)。

ペマ・チョドロンは、安定していて思いやりのある暮らしと静想が、落ち着いて平和的になる手助けをすると教えています。そのことは同様に、自分と他者に対してより優しく、より親切であるよう私たちを助けます。私たちはある種の完全さに到達することはありません。むしろ、常に深まっていく、常に広がっていく愛と平和に向けて旅を続けるのです。こうした日毎の実践を行うならば、私たちの心は目覚めて、純粋な共感、愛、優しさ、そして親切心という、元来の性質を取り戻すことでしょう。

ペマ・チョドロンはこう述べています。

あなたの経験の総体を抱き締めることは、自分自身のために愛に満ちた優しさを持つということの一つの定義と言えます。自分のための愛に満ちた優しさとは、いつも心地良い状態でいることを保証するという意味ではありません。むしろ、人生を成り立たせるという意味であり、それゆえに黙想や自省、心優しく思いやりに満ちた誠実さに時間を割くのです。このようにして餌に食いつく魚のようにガッと反応してしまうとき、感情の底流にとらわれてしまうとき、掴もうとするとき、手放そうとするとき、あなたはより調和することでしょう。これが、怠け心と勇気の両者を含むありのままであなたが自分自身と真の友人となる道なのです。これよりも重要なステップはありません。[34]

禅仏教の師ティク・ナット・ハンは、平和と心からの愛への道のりとしてのマインドフルネスを教える生涯を送ってきました。ベトナム出身の僧侶であるナット・ハンは、一九六〇年代にアメリカ合衆国を旅して廻り、平和について語りましたが、故郷に戻ることはできませんでした。フランスに居を移し、仏教共同体であり静修センターである「プラム・ビレッジ」を創設しました。彼は、マーティン・ルーサー・キング・Jr牧師によってノーベル平和賞にノミネートされ、ベトナムのボートピープルのための支援を組織し、一〇〇冊以上の本を書きました。それらは数百万部の売り上げがあり、一〇か国語以上に翻訳されています。

ナット・ハンは今この瞬間の意識的気づきを実践するよう、日常生活の一つひとつのことに細心の注意を払うよう、そして今この平和の時にあって生きるよう、私たちを招いています。このマインドフルネスの実践は、私たちが自分自身をよりよく理解し、落ち着かせ、「山のように」強くなるのと同時に、元気になる手助けをしてくれます。「内側を深く見つめなさい」と彼は助言しています。「内側で何が起きているか、穏やかに気づき、あなたの振る舞いの根本を見つめ、あなたの傾向をわきまえて、平和、共感、そして人生の素朴な喜びに向かってしっかり歩んで行きなさい」。

ティク・ナット・ハンにとって、マインドフルネスは毎日の実践です。それは、自分自身を心地良く感じ、より平和な思いになれるよう誰をも助けます。朝食をいただくときマインドフルであること、食器を洗うときマインドフルであること、車を運転するときマインドフルであること、通りを歩くときマインドフルであること、誰か別の人に話しかけるときマインドフルであること、仕事をするときマインドフルであること、私たちの人間関係においてマインドフルであること、そしてベッドに入るときマインドフルであることを私たちに求めます。ナット・ハンにとって、人生はマインドフルネスの日毎の実践であり、平和という一つの長い、今この瞬間なのです。私たちはゆっくりと今この瞬間に目覚め、今ここで生き、自分自身と他者と共に平和に座し、平和という今この瞬間、ゆっくりとした呼吸と共に心臓が穏やかに鼓動することに気づくのです。マインドフルネスの実践は、肯定的な感情を育み、否定的感情を変容させる手助けとなります。ですから、私たちは怒りや恐れ、悲しみ、あるいは憎しみを去らせ、共感と平和へと深まっていくことができるのです。私たちは意識をもって呼吸し、他者に微笑みかけ、感謝の思いを育むことを習います。こうした日常の気づきが喜びの思いを目覚めさせるのです。

「自分を決して見失わないような仕方で毎日生きて行きなさい」。ティク・ナット・ハンは教えます。「悩みや恐れ、渇望、怒り、そして欲望に心を奪われるとき、あなたは自分から逃げ、自分を見失ってしまいます。実行したことは常に自分に戻って来ることになっているのです」。

私は二〇年以上にわたってティク・ナット・ハンの知遇を得てきました。そして、これらの教えの果実を彼自身の人生の中に、彼の友人たちの輪の中で、そして彼の共同体の中で間近に見てきました。私は彼と一緒にピザを食べたことがありますし、バーモントの農園の芝生の上で共に座したこともあります。また、フランスの彼の隠修庵で一緒に過ごしたこともあります。いずれの機会も、彼の中に見たのと同じ平和と愛、共感、そして喜びの中で生きていきたいとの思いを抱いて後にしたものです。彼は今まで出会った誰よりも「心の清さ」を証しています。

ペマ・チョドロンとティク・ナット・ハンは、平和、共感、マインドフルネス、そして真心こもった愛を育むための有益な実践方法を教えています。私が行っているように、二人の著作をお読みになること、CDをお聴きになることを皆さんに強くお勧めいたします。こうした仏教の師に耳を傾けるとき、イエスがこうしたことのすべてをご存じで、それらを実践し、教えておられたことに気づくものです。これらの仏教の導師たちは、古の教えを取り上げて現代の心理学的洞察と結びつけ、心でもって試すことができるように、分かりやすく役に立つ方法に落とし込んでいます。ですから私たちはいよいよ非暴力的に、いよいよ思いやり深く、愛に満ちた者となることができるのです。

## 心のビジョン、神のビジョン

キリスト者にとって、こうした共感、マインドフルネス、平和、そして真心こもった愛の仏教的実践は、私たちを平和と愛の神のもとへと導きます。こうした内的働きをイエスは平和の神との関係の出発点と見なしておられた、と私は考えています。彼は弟子たちに、それぞれの内なる部屋に入って自分を愛し、そこで神に祈ることを教えられました。そうすることで弟子たちは、イエスの非暴力的で思いやりに満ちた信従者として神の平和の国を告げ知らせ、その国を迎え入れるために世界に出て行くことができたのです。

私にとって驚きなのは、非暴力的で思いやりに満ちたイエスが内的心の清さと神のビジョンを結びつけておられることです。私たちは、内的平和、愛、共感、そして非暴力を育むことによって、今この瞬間を日々生き、私たち自身の内側と身の周りで起きていることに気づくことができるのです。より目覚めるよう成長するにつれて、私たちはよりはっきりと見始めることができます。私たちはどのような人間存在も神の大切な子どもであると認めます。その人たちの心と魂の奥深くを見、その人たちに愛と共感のみを抱きます。一枚の葉っぱ、一羽の小鳥、砂の一粒の中にさえ、全宇宙を新たに見始めるのです。それは深い眠りから覚めていくようなものです。

言い換えるならば、私たちは心の非暴力を耕し、平和の神との関係において私たちがなすことすべてを根づかせるにつれて、あらゆるところ――創造の美しさの中、全被造物の不思議の中、子どもたちの顔の中、私たちの身の周りにいる人々の中――に神を見始めるのです。正義と平和を求めるたたかいの中に、貧しくされ周縁に置かれた人々の中に、私たちの敵の中に、私たち自身の中に神を見るのです。この心の清さ、この内的非暴力は、平和と愛の目でもって見る手助けとなります。その結果、私たちはすべての人間一人ひとりを実の姉妹・兄弟と認め、他者の中にキリストを見るようになるのです。すべての人間一人ひとりの顔の中に神の顔を見るのです。

私たちにとって、内的生活と神のビジョン、それらと他者との神秘的結びつきについて理解することは難しいと思います。こうした美しい神秘を考察する一つの方法は、世の光としてのキリストについて省察することです。私たちが自分の心を武装解除し、自らを清くし、内なる非暴力を育むとき、キリストが住まう場所を私たちの内部に歓んでこしらえているのです。キリストの光は私たちの内部にある暴力、疑い、絶望といった闇を一掃します。そして、私たちは彼の光の中で生き始めるのです。この内なる光、私たちの内部におられる平和の作り主キリストの光のゆえに、私たちは他者の中にキリストを見、私たちの周りに神を見るようになります。平和と愛、非暴力の旅は、いかなる場所、いかなる時においても、すべての人間一人ひとり、そしてあらゆる存在の中に神を見るよう、いつの日にか、私たちを導いてくれることでしょう。そのときから、私たちは祝福に満ちたビジョンの中を生きていくことでしょう。

心の清さの中へ、内的平和と愛と非暴力の中へと深く入って行くならば、私たちは祝福に満ちたビジョンの中で、神の臨在の中で自分が生きている姿を見出すことでしょう。これこそイエスが私たちに始めるよう――愛と平和の内的深みを測り知り、あらゆる場所に神を見るよう――招いてくださっている、この第六福の旅なのです。残されている人生にはそれで十分です。

# 第8章　平和を作り出す人々は幸いである

「平和を作り出す人々は幸いである」とイエスは宣言なさいます。「その人たちは平和の神の息子・娘と呼ばれる」（原著者による）。この宣言は、八福の教えのクライマックスであり、福音の要となる教えの一つです。しかし、この教えは一七〇〇年以上にわたって、極めて広範に無視されてきたものの一つでもあります。

この祝福によって、イエスは私たち全員に平和の作り手であるよう呼びかけておられます。それは、私たちは戦争の作り手では最早ありえないということです。私たちは戦争を支持することはできませんし、戦争に参与すること、戦争に拠金すること、戦争を喧伝《けんでん》すること、あるいは戦争を始めることはできません。平和の作り手は、戦争を終わらせ、平和を創造するために働くものです。今より後、キリスト者の誰もが戦争することを禁じられ、平和を作り出し、より平和な世界を創造する働きに向かうのです。

**今より後、誰もが平和の作り手であるよう、呼びかけられている。**

けれども、この第七福と共にイエスは、神が平和の作り手であると対抗文化的に告げておられます。ですから、平和の作り手となる者は誰であれ、平和の神の息子・娘なのです。イエスはこの教えと共に、神の本性は非暴力的、平和的であると述べておられるのです。この一節は、数千年にわたる暴力神信奉と、ヘブライ語聖書における戦争神へのあらゆる言及を投げ捨てるものです。また、戦争についてのいかなる霊的正当化をも、神が私たちの部隊と戦争を祝福なさるとの言辞をも捨て去るものです。そうではなくこの一節は、生ける神は実際どのような方であるのか、神の国はどのようなところであるのかに関する私たちの想像力において、広大で新たな展望を開くものです。この第七福と共に、私たちは天の非暴力を見せていただき、戦争を放棄させ、非暴力の新しい世界をこの地上で追い求める世界大のたたかいに加わるのです。

今より後、いかなる形であれ戦争を、暴力を支持する者は誰であれ、あるいは教会を含む何ものであれ、神に属するものではありません。神のご意思を行うものでもないし、神のよき実を結ばせるものでもありません。一方、平和を作り出す者は誰でも神のご意思をなしているのであり、それゆえに信心深いと言えるのです。

**誰もが平和の作り手であるよう、呼びかけられている。**

この第七福と共に、イエスは預言者イザヤによる連想を解き開いておられます。たとえば、イザヤ書二章では、世界のすべての国々が神の山に登り、神の足元に座って話すのを止め、神に聞き始めるとの託宣が語られています。イザヤは、私たちが神に聞くとき、その山を降りて世界に戻って行き、そこですべての武器を解体し、二度と戦争を開始させないようにする、と説いています。「その人々は剣を打ち直して鋤とし、槍を打ち直して鎌とする。もはや戦いを学ばない」(原著者による)と、神にまみえた人たちについて説示しています。イエスが告げられたように、神とは平和の神であることをイザヤは理解しています。私たちは神にまみえたならば、そこで武装解除され、平和を作り出すために派遣されます。イエスと同じように、私たちは見てきたことを行うのです。

## 平和の作り手となる

キリスト教徒による戦争がこの瞬間に至っても続けられている中で、多くの人々が福音の基本的招き――平和を作り出せ、非暴力を実践せよ、普遍的な愛を差し伸べよ、との招き――に目覚め始めています。戦争を行うことは、キリスト教とはまったく相容れません。平和を作り出すことはキリスト教の核心です。

それでは、平和の作り手であるとは何を意味するのでしょうか。どのようにして、私たちは平和の作り手となるのでしょうか。どのようにすれば、平和の作り手であれとの招きに応え、平和の神の息子・娘として生きることができるのでしょうか。これらは生涯をかけるべき問いであり、八福の教えの中でイエスが提示した問い、聞く耳を持つすべての者に投げかけられた招きです。

私たち全員が平和の作り手であるよう招かれていながら、平和を作る働きは、歴史、国家、文化、そして人材を考慮に入れると、そうではないように思われます。けれども、マハートマー・ガンディーとマーティン・ルーサー・キング・Jr牧師の教えを想起するとき、平和創造は非暴力を要求する、と今こそ会得するものです。イエスは「非暴力的平和の創造」について語っているのです。あまりに多くの戦争の作り手——ヒットラーからオサマ・ビン・ラディン、ジョージ・W・ブッシュ他まで——が自分たちは神の意志を行うのだと主張して開戦してきたので、私たちはこの相違の根源を突き止める必要があります。戦争を始めておきながら自分たちは平和を作っているのだと主張する日々は、終わらせなければなりません。私たちは今や、この違いを知っています。平和を作り出す人は、個人としても国家としても世界としても、誰をも殺しません。傷つけません。脅しません。私たちは一人の人間の命、ましてや何百万もの人命を危険にさらすことはありません。

平和の作り手は非暴力を実践します。私たちには軍に入隊したり、戦争を始めたり、核兵器産業で働いたり、武器を売買したりすることはできないのです。非暴力は私たちの人生に新しい境界線を引きます。平和の作り手として、私たちは自分自身に対して非暴力的でいます。すべての他者、全被造物、全創造世界に対して非暴力的でいます。そして、新しい非暴力の世界のために公然と働くのです。私たちは自分自身に対して平和でいます。そして、弛まなく内的平和を育みます。周りにいるすべての人々、全被造物、全創造世界に向かって平和でいます。より平和な世界を作るために自らの分を果たします。立ち上がって戦争反対の声を上げ、平和のためのパブリック・アクションを起こします。暴力と戦争の世界へと出て行って、戦争や戦争状態を終わらせる草の根運動を立ち上げる手助けをします。核兵器と大量破壊兵器を廃絶するために、対話と非暴力的紛争解決を促進するために、そして組織的不正義と戦争の根を断ち切り、すべての民が相互に和解を果たすために助力します。

私は、数十年にわたって、数千の人々のためにキリスト教的平和創造の研修会を行ってきました。その際、自分の人生を平和の途上にある旅として思い描くよう、参加者たちに促してきました。私たちの人生の旅路を暴力と非暴力、戦争と平和という枠組みの中で振り返るわけです。私たちは子どもとして、いつ――家庭の中で、学校で、町で――暴力に苦しめられたでしょうか。どのように戦争の文化の――たとえば、ストリート・バイオレンス、銃、人種差別、性差別、その他の差別、あるいはベトナム戦争やイラク戦争の――犠牲者であったでしょうか。私たちはいつ方向転換し始めたのでしょうか。暴力を退けて非暴力の道を歩み始めたのはいつだったでしょうか。非暴力を深めるために取るべき次のステップはどのようなものでしょうか。平和を作り出す次のステップ、そして戦争と不正義を廃絶するために果たすべき次のステップはどのようなものでしょうか。

私たちの中で多くの者たちが自分のことを平和の作り手として理解し始めるならば、私たちは信仰において成長し、自らの暴力を退けて、戦争を恒久的に終わらすために尽力する、より強固な世界大の運動を起こすことでしょう。これこそ、イエスがこの第七福を告知したときに思い描いておられたことです。私たちが平和の作り手となるよう、そして私たち自身の時と場所において、この招きの具体的詳細を見定めるよう、イエスは求めておられます。

## 平和の作り主イエス

イエスが平和の作り手となるよう私たちを招くとき、彼は私たちが彼に従うよう、彼と共に「神の愛する者」となるよう招いておられます。イエスの生涯は平和を作り出す人生を例示するものです。生誕のとき、天使は地上の平和の到来を羊飼いに歌い告げました。受洗の場面では、平和の神の愛する息子であるとの声を聞きます。その後、荒野で退修しておられたとき、暴力、権力、支配へと誘《いざな》う試みを退けられます。そして出て行って、平和の神の国の到来を告げ知らせます。彼は平和の共同体を形成し、信従する者たちに非暴力の実践を教え、平和のたたかいに就けるために帝国の中へと派遣し、たとえどこへ行こうとも平和を告げ知らせるよう語られます。イエスは暴力と戦争の犠牲者を癒すために平和運動を立ち上げ、帝国による憑依《ひょうい》をあらゆる人々から追い払い、非暴力の神の国の到来を告げ広められます。宗教指導者らが一人の貧しい女性を引きずり出して殺そうとしたとき、彼女の命を救い、殺すことと断罪することを禁じられます。また、耳や口、目、そして手足の不自由な人々を癒し、死者をも起き上がらせます。

その共同体が分裂したときでさえ、イエスはなおも非暴力と赦しでもって応じられます。兵士らが彼を逮捕した際、そしてペトロが自衛のために彼らを殺そうと剣を振るったとき、イエスは剣を下に置くよう言われます。彼は平和と希望と祈りのうちに刑場に赴き、彼を殺そうとする者たちを赦し、平和の神にご自身をもう一度委ねられます。そして、見よ！　彼は死人の中から戻って来られ、平和の言葉でもって友人たちに挨拶するのです。疑いなくイエスは、それまで以上に非暴力的であり、友人たちはイエスの非暴力のたたかいを担うことを固く誓います。

イエスのことを細かなところまで心を配る非暴力の人、平和の作り主として理解してはじめて、四福音書は意味をなすのだと思います。イエスの非暴力は行動的で創造的、ホーリスティック、革命的です。彼は新しい平和の国の到来を告知なさいます。すなわち、戦争、帝国、そして死そのものの終焉《しゅうえん》です。こうした政治的な組織的取り組みの先には逮捕と処刑のみがあります。そして、まさにそのことが起こります。イエスは革命分子であるとのかどで逮捕され、告発され、断罪され、処刑されます。彼らがまったく理解していなかったのは、イエスの革命が非暴力的であったということです。

イエスは逮捕される前日の夜、すなわち処刑される前日の夜、共同体の全員に向かって次のように言われます。「私は平和をあなたがたに残し、私の平和を与える。私が与える平和は、世が与えるようなものではない」（ヨハネ一四・二七、『聖書協会共同訳聖書』欄外別訳による）。彼は決別説教の最後でこう語られます。「これらのことを話したのは、あなたがたが私によって平和を得るためである」（一六・三三）。ですから、聖パウロは後に「キリストは私たちの平和である」（エフェソ二・一四）と述べつつ、平和の究極の作り主としてイエスのことを書き記すのです。平和の作り手ガンディーはイエスに賛同しました。彼のアシュラムの部屋に唯一架けてあったのは、ドアをノックするイエスの絵でした。その絵のキャプションには「彼はわれらの平和」とありました。

キリスト者とは、平和の作り主イエスに従う者のことです。それがキリスト者であることの意味です。――それは一つの宗派に属することでも、讃美歌を歌うことでも、お金を集めることでもありません。他者に威張り散らすことでも、自己義認的であることでもありません。――キリスト者は、イエスがなさったように、この世界にあって平和を作り出すために全存在をかけて努力します。キリスト者は、平和というイエスの賜物を大切にし、イエスの働きを継続させようと努めます。平和運動を起こし、神の平和の国の到来を告げ知らせ、戦争と帝国に抗し、非暴力と正義、普遍的愛を実践します。まさに自分たちの平和としてイエスを体験するのです。キリスト者は、全人類、全創造世界のための平和に自分の命を捧げるものです。キリスト者は、その平和の途上にあって彼女／彼らの平和であるイエスに従い、何時でも誰とでも、たとえ何が起きようとも平和に過ごします。

## デズモンド・ツツ大主教という平和の作り手

現代史における最も偉大なキリスト教的平和の作り手が南アフリカ、ケープタウンのデズモンド・ツツ大主教です。この伝説的なノーベル平和賞受賞者は、その生涯を正義と平和、そして和解のために働くことに費やしてきました。彼の旅路は極めて重要であり、学び見習う価値のあるものです。

デズモンド・ツツは、一九七〇年代、八〇年代にはアフリカ全土で諸教会に仕え、世界教会協議会、南アフリカ・キリスト教協議会の指導者となり、そして主教、さらには大主教となりました。彼は怖れることなく立ち上がり、邪悪なアパルトヘイト体制に反対して公然と声を上げました。南アフリカ中を、そしてアフリカ大陸を、さらには全世界を廻って、数千回の演説を行う中で、社会的、経済的、人種的正義を求め、戦争の終結と諸民族間の非暴力的和解を求めて呼びかけました。また、白人警察官や兵士によって殺された反アパルトヘイト運動の指導者たちの大規模な葬儀を司式しました。そして、ネルソン・マンデラの獄からの解放に助力し、マンデラが新生南アフリカの大統領として選出された後、ツツ大主教は画期的な「真理和解委員会」の議長となりました。そこでの働きを通して、ツツと南アフリカは平和創造の新しい姿――国家的懺悔《ざんげ》、真実の証言、赦し、そして和解――へと進水していったのです。世界はかつてこのようなことを見たことがありませんでした。

ツツはいかなる形の不正義も見逃さなかったように思います。彼はイスラエルのパレスチナに対する「アパルトヘイト」を非難し、イスラエルによるガザ地区の封鎖を「嫌悪すべきもの」と描述しました。ジョージ・W・ブッシュとトニー・ブレアに対してイラクを爆撃しないよう主張し、後には、そのときの「不道徳的戦争」で誤りを犯したことを認めるよう彼らに求めました。また、オバマ大統領に対して、「緩和されようのない災難となったことが判明した侵略について」世界に、「とりわけイラクの人々に」謝罪するよう求めました。その後、彼と私はオバマ大統領との面会を試み、アフガニスタンに対するアメリカ合衆国の戦争を終わらせるよう、穏やかに勧めようとしました。面会はもう少しで実現しそうだったのですが、土壇場になって拒否されました。ホワイトハウスはツツ大主教の平和の請願を聞こうとしなかったのです。

私が彼のスピーチを初めて聞いたのは、一九八七年ごろのことで、ワシントンDCのナショナル・カテドラルででした。それはアパルトヘイトが最もひどい時代で、国際社会はアパルトヘイトの恐ろしさに目覚めつつあり、世界規模の経済制裁を加えようとしていた時期でした。彼は、その数日前ソウェトで出会った一人の老婦人について語りました。彼女は毎晩午前二時に起きて、アパルトヘイトを終わらせてくださるよう真剣に一時間、神に祈っているとのことでした。ツツは語りました。「われわれは勝利する、と今私は確信する。なぜなら、神は一人の貧しい老婦人の祈りに抗することはできないからである」。そう言うと、激しく泣き出しました。この平和の涙は、彼の話を聞こうと詰めかけていた私たち数千人を回心させました。これほどの平和証言は聞いたことがありませんでした。

後に、私は彼と友人として知り合うことになります。二〇一四年に南アフリカに巡礼の旅に出かけたとき、ケープタウンにある彼の基金の事務所にこの偉大な人物を訪ね、午前中を共に過ごしました。最初、私たちはスタッフの人たちと共に礼拝を守りました。それが終わると、彼は私と友人たちのためにブランチを取ってくれました。彼と私はそれぞれのお皿に食事とコーヒーを乗せ、一時間ほど座って食べながら話しました。

「われわれにはこの仕事を諦める権利はない」と彼は私に語りかけました。「われわれの姉妹たち兄弟たちが世界で苦しんでいる。だから、われわれは死ぬその日まで、平和と正義のために働き続けなければならない」。彼が次の日にイランに出かけようとしていることを聞いて、大変驚きました。既に八〇歳代で健康状態も良くはありませんでしたが、休み知らずでした。

まったくの貧困状態の中スクウォッター（居住権なしに道路端や川岸などに自主的に住む地域のこと）に住む、ケープタウンやその他の地域の数百万の人々のことを、彼は話してくれました。「ここでは、第一世界的究極の裕福と第三世界的最悪の貧困があって、それは富者と貧者の世界最大級の格差だ。戦争と核兵器のためのお金の一パーセントで、こうした貧しくされた人々に食べ物と住居を提供することができる。私はときどき神さまにこう言うんだ。『一体どうなってるんだ。なぜ何もしてくれないんだ』と」。

私と友人たちが合衆国で組織している平和の取り組みについて話したところ、彼は神について語り続けました。「私は自分が神でなくてよかったと思う。神の忍耐について考えみよう。神はわれわれが気づくのを待ち続けておられる。君たちが取り組んでいるようなことを人々がようやくのこと行うのを待っておられる。われわれは皆、姉妹・兄弟だということを本当に僅かな人しか理解していない!」

彼は続けました。「ホロコーストの時代、神がどのように苦しまれたか想像してみよう。神の子どもたちが他の子どもたちを殺している間、神は耐えながら待ち、できることは何もなかった。神は全能であり、遍在であるが、われわれに自由という賜物を与えようと決断なさった。善きものや愛、はたまたそうではないもの、それをわれわれに選択させようとお決めになった。この自由という賜物をくださったがゆえに、神は介入することができない。だから、この全能の神はわれわれがなす悪の前にまったくもって弱く、無力なのだ。これがわれわれの神なのだ。神はとても弱い。自分が神でなくてよかった。神が神であってよかったと私は思う」。

私は尋ねました。「それであなたはどうやって行かれるのですか」。「私の好きな預言者はエレミヤなんだ」。彼は答えました。「なぜだか分かるか？　彼はたくさん泣いたじゃないか！」そして私の方に体を寄せて、こう囁きました。「私もたくさん泣く。たくさん泣く。毎日、泣く。けれども、考えてみたまえ。神がどれだけ泣いておられるか！　われわれはむせび泣く神を持っているのだ。われわれは皆、兄弟・姉妹だということをあまりにも分かっていないから、神はお泣きになる。だから、私もたくさん泣いたし、今も泣いている。でもたくさん笑いもする」。そう言うと大声で笑い出しました。

訪問の最後のところで、マーティン・ルーサー・キング・Jrの大きな写真集とニューメキシコの青と白の手織りの毛布を彼にプレゼントしました。すると、すぐにその毛布を広げて自分の肩にかけて見せてくれました。「君はもっと頻繁《ひんぱん》にここに来ないといけないよ」。大声で笑いながら言いました。ドアのところまで私と一緒に歩いて見送ってくれた彼は、私の肩に腕を回してこう言いました。「諦めるな、ジョン。諦めるなよ！」

彼はかつてこう言っています。「神の世界は『倫理的な』世界であり、あらゆる兆候が逆の方向を示しているように見えても、悪、不正義、抑圧、そして偽りが最後の決定権を持つことは絶対にありえないことを意味しているのである。……南アフリカの人々が志気を維持して来られたのは、最後には善が勝つと確信していたからである」(35)。彼はこの教訓を南アフリカの民衆から学び、それを世界に分かち広げてきました。悪が勝利を収めることは断じてない。善が打ち勝つのです。

「ハエを叩くほどに容易く人々が殺されていく、人間の命が極めて軽く見える状況にあって、われわれは民衆こそが大切、極めて重要なのだと公言しなければならない」。かつて彼はこう言いました。「不正義がはびこる状況の中で中立であるということは、既にある立場を選択していることを意味する。それは現状を肯定するということだ[36]」。ツツ大主教は、私たちの時代の中で平和を作り出す生を例示しています。彼はキリスト者たちに、平和の作り手とはどのような姿であるかを示し、彼自身の証を通して私たち自身が平和創造への召命を追い求めるよう、励ましています。

## キャンペーン・ノンバイオレンスと地球規模で広がる草の根平和運動

これまで歴史上起きてきた変革に至る唯一の道は、ボトムアップを通してです。すなわち、奴隷制撤廃論者や女性参政権論者から公民権運動、反ベトナム戦争運動、環境保護運動に至るまでの草の根運動を通してです。そのことに留意しながら、「パーチェ・エ・ベネ[37]」の友人と私とで、毎年九月二一日の「国際平和デー」の一週間、全米でデモンストレーションを組織する草の根運動「キャンペーン・ノンバイオレンス」を立ち上げました。

私たちは、通りに出て「点と点をつなぐ」よう人々に呼びかけました。つまり、組織的暴力の下にあるすべての問題を結びつけて、暴力のあらゆる様相——貧困、戦争、人種差別、警察の暴力、銃による暴力、核兵器、そして環境破壊——に対して声を上げ、それと同時に、キング牧師が展望したように、新しい平和と非暴力の文化を求めて呼びかけたのです。驚くなかれ、国中の人々が応えてくれました。

最初の年、二〇一四年には、私たちは二三八の行動を組織しました。二〇一五年にはアメリカ全州で三七一のデモや行進、徹夜の座り込み行動を組織しました(38)。イベントを列挙すれば、それは息を呑むほどです。たとえば、二〇一五年には貧困や人種差別、戦争、環境破壊に反対して数百人がデラウェア州ウィルミントンを行進しました。ネバダ州ラスベガス近郊では、合衆国のドローン作戦の司令部があるクリーチ空軍基地に集まって、アフガニスタンとパキスタンにおける私たちのドローン攻撃に反対する徹夜座り込みを行いました。オクラホマシティーでは、数百人が集まって、アフリカン・アメリカンの指導的牧師がオクラホマ州における人種差別と警察による暴力を糾弾する声に耳を傾けました。

トゥーソン（アリゾナ州）では、ドローンやクラスター爆弾、巡航ミサイル、いわゆるスターウォーズ、大気圏外撃墜弾、マーベリック空対地ミサイルのメーカーであるレイセオン・ミサイル・システム社の前に集まりました。サンフランシスコでは平和の歌を歌うためにモンゴメリーストリート駅に集まり、暴力の問題に関するパンフレットや資料を配りました。メーン州バンゴーでは、活動者たちが暴力を終わらせるための集会を開催しました。ワシントンDCでは、私たちは世界銀行前に集まり、そこからホワイトハウスまで行進し、ある者は戦争と貧困、暴力に反対するスピーチを行い、またある者はエントランスでシットインを行い、非暴力市民的不服従のゆえに逮捕されました。

モンタナ州グレートフォールズでは、タールサンド（あるいはオイルサンド）の抽出と精製に反対して、活動者たちがキャルメット社の精製工場前で集会を開きました。オレゴン州アッシュランドでは、友人たちが集会を開いてアッシュランド市長を招き、設置されたばかりのアッシュランド平和文化会議について紹介しました。ペンシルベニア州エリーでは、活動者たちがグリスウォルドプラザで徹夜座り込み行動を行いました。ソルトレークシティー（ユタ州）では核兵器反対を叫び、マハートマー・ガンディーの誕生日を祝うためにシティパークで集会を開催しました。ヒューストン（テキサス州）では、ハイウェーやフリーウェーの高架沿いのあちこちに平和と正義を呼びかけるサインを掲げました。

その週いっぱい、多くの町で実に様々なイベントが開催されました。たとえば、メンフィス（テネシー州）では、諸宗教による徹夜祈祷会、公共の場での「脱暴力の断食」、銃による暴力に関するフォーラム、人種差別についての別のフォーラム、さらには刑務所改革に関するフォーラムが開かれました。ローリー（ノースカロライナ州の州都）では人種差別に反対するワークショップと平和祈祷会が開かれました。ボイシ（アイダホ州の州都）では、死刑と環境破壊に反対するイベントや核廃棄物からの保護を求めるイベントが行われ、非暴力に関する閉会セレモニーでもって閉じられました。リトルロック（アーカンソー州の州都）では、ＬＧＢＴＱの権利のための平等サミット、平和祈祷会、教皇フランシスコの環境に関する回勅についての対話集会、中東和平に関する公開討論会、アーカンソー州の貧しくされた人々のための食料行動（フード・ドライブ）が行われました。

いずれの場所でもメッセージは同じでした。すなわち、私たちは互いに正義を伴った平和の中を生きたい。私たちは他者を殺すことを止めて、大地を大切にしたい。世界を再建し始めたい。そうすることで、誰もが食べ物と住むところ、ヘルスケア、教育、雇用、そして尊厳を得ることができるのです。私たちは新しい非暴力の文化を求めています。私たちは、実際に誰でも平和の作り手となることができるよう努め、運動が再び活気づくよう、「運動の中の運動」を建てるよう、正義と武装解除、そして平和における新たな突破（ブレークスルー）を求めて努力するものです。

## 平和の神の息子・娘となる

意識を持って平和の作り手となることを追い求め、平和の創造者としての神について黙想するにつれて、私たちは平和の神の息子・娘としての真の自分に気づき始めます。これが平和創造の根幹・非暴力の霊性――神は平和の神であるということ、神の息子・娘もまた平和の作り手であるということ――です。これこそが私たちのありのままの姿、私たちの真のアイデンティティです。私たちは、神が愛してくださる神の息子・娘として平和の神との関係の中を生きて行きます。それで私たちは、平和を作り出すために戦争の世界へと進み出て行くのです。

戦争の文化は常に、私たちを名づけようとします。そして、私たちもその人たちが私たちのことをどのようにとらえているのか――アメリカ人か、リベラル派か保守派か、金持ちか貧しいか、あなたがたは何者でもない、とか――私たちに告げさせるのです。けれども、イエスは来てくださって、私たちの誰もが平和の神の息子あるいは娘であることを告げ知らせてくださいます。この真のアイデンティティについての告知を携えて、私たちは神の平和の作り手として喜んでこの戦争の文化の中へと出て行き、平和の神の国を告げ知らせるのです。非暴力、平和の創造、そして神の息子・娘として真のアイデンティティを理解することが、すべての人間存在は私たちの姉妹・兄弟であり、神の愛する子どもであるという、より深い気づきをもたらします。私たちは新たな息吹を毎日得て、普遍的で非暴力的な愛でもってすべての人を愛します。このプロセスが、私たちは誰であるのか、神とは誰なのか、人生とはどのようなものなのか、そして私たちはどこに向かっているのかについての、新しい洞察へと深く深く私たちを導いていくのです。

私たちの誰もが平和の作り手として召されています。平和の作り主イエスに従う平和の作り手として、私たちは今からの後、平和という新しい未来に向かってだけではなく、私たちの愛する神、平和の神に向かっても進んで行くのです。そしていつの日にか、私たちは神の平和の国に神と共に、私たちの全姉妹・全兄弟と共に永遠に生きることでしょう。

# 第9章　義のために迫害された人々は幸いである

「義のために迫害された人々は幸いである」とイエスは言われます。「神の国はその人たちのものである」（原著者による）。このクライマックス的祝福においてイエスは、貧しくされている人々や抑圧された人々のための正義を求める非暴力のたたかいの中で彼がそうしたように、大胆にリスクを負うよう私たちを招いておられます。そして、第一福の霊において貧しい人々のときと同じように、神の国は私たちのものであることに気づくよう求めておられます。

私たちのほとんどがこの第八福を無視したいと思っているようです。迫害を受けたいと誰が思うでしょうか。どこか遠くにある天国が、今の割に合わない痛みや苦しみに釣り合うとでも言うのでしょうか。この世にあって正義と平和のゆえに迫害を受けることが、どうして祝福でありえるでしょうか。けれどもイエスにとっては、これは頭を悩ます必要のないことでした。彼は体験から――組織的不正義と永続的戦争の世にあって――正義と平和のために働く者は誰であれ、迫害を受け、殺されることさえあることを知っておられました。こうした苦しみのリスクを負い、正義と平和を求めるたたかいの結末を引き受ける者は神のご意思を行う者であり、正義と平和という神の非暴力の国を分かち合う者なのだ、と彼は告げています。神の国は絶対にその人たちのものです。大胆ですが、こう言いましょう。神の国は私たちのものだ、と。この場合、イエスが後の場面で約束なさったように、平和と正義の神はみ国を喜んで私たちにくださるのです。

イエスがこの第八福の言葉を告知したのは、正義に飢え渇いている人々と平和を作り出す人々を祝福したまさにその直後でした。彼は正義と平和を求めるたたかいを——憐れみと心の清さの枠組みの中で——一つの霊的たたかいとして、私たちの人間性の豊かさとして、霊的探究の至高の形として見ておられます。平和のために働くのであれば、あなたは組織的不正義に抗するようになるでしょう。権力構造および権力組織はその力を易々とは手放そうとはしないでしょう。ですから、その人々は抵抗者たちに挑みかかり、攻撃を加えてくるでしょう。残念なことに、これが重力の法則と同じような自然の法則というものでしょう。組織的不正義と永続的戦争の諸力は、私たちが組織的不正義と永続的戦争に抵抗するのとまったく同じように、私たちに抗してくるのです。

私たちが正義と平和のために働くとき、人々が私たちに感謝する、あるいは尊敬することは概してありません。私たちは嫌がらせを受け、監視され、捜査され、脅迫され、攻撃され、中傷され、痛めつけられ、逮捕され、断罪され、拷問を受け、殺されるでしょう。権力組織が戦わずして武装を放棄することなど決してありません。イエスが私たちに求めておられるのは、正義と平和のためにたたかうこと、そしてそのたたかいのゆえに振りかかってくる結末と苦しみを引き受けることです。しかしながら、私たちには暴力でもって報復することは許されていません。

正義と平和を求めるたたかいの中で迫害のリスクを負うことは、これまで私たちが習得してきたあらゆることの真逆を行くものです。現行文化は、成功し、力を持ち、豊かで有名であるよう私たちを鼓舞してきました。イエスは私たち全員を併せたより、よく知っておられると思います。ですから、よく分からないままでも、何はともあれ、正義と平和のためのイエスの働きへと急いで向かいましょう。神の国にはそうするだけの価値があります。

## 迫害を受けたイエス

イエスは、ご自分の経験から迫害の必然性をはっきり理解しておられました。福音書の初めの方では、彼は自信に満ち楽観的に見えます。神の国を告げ知らせ、共同体を立ち上げ、病気の人たちを癒し、皆を教えています。けれども、そのムードも彼の正義と平和のための働きによって引き起こされた反応を見るにおよんで変化します。ルカによる福音書によれば、彼がナザレで行った最初の説教――イザヤが貧しくされた人々に対する正義を呼びかけた個所についての説教――の際、群衆はイエスを公然と非難し、彼を外に連れ出して、近くの崖から突き落とそうとします。イエスは命からがら逃げます。マルコの福音書では、イエスが最初の癒しを行った際、宗教権力者らはすぐさま彼を殺そうと計ります。

福音書の中で最も霊的であるとしばしば誤解されるヨハネ福音書は、実際は最も政治的であり――それゆえに危険であるのですが――二五件以上の殺害の脅迫と暗殺計画に満ちています。[39] イエスは、自分のことを瀆神的《とくしん》で悪魔的であるとして非難する宗教権力者からの放火を常に浴びています。彼らがイエスを石打ちで殺そうとしたとき、彼は辛うじて逃げることができました。イエスを殺すために派遣された暗殺部隊は彼の説教を聞いて心動かされ、殺害を拒みます。イエスは基本的に、逃亡者のように隠れながら地下生活を送っています。彼は公共の場に現れるや、山か荒野の隠れ家に退避します。まるでアパルトヘイト時代の南アフリカか中央アメリカ、あるいはパレスチナの戦闘地域で追跡を受けている活動者のようです。最後には権力は、イエスの最も近しい友人の一人を買収して、彼の隠れ場所（エルサレムから谷を下って丘を登った向こう側のゲッセマネの園）を突き止めます。

イエスは毎日のように攻撃や非難を受けて苦しみますが、どれ一つとっても、愛と赦し、非暴力で応じられます。最後には、共同体の裏切りが彼の逮捕と処刑を導きます。裏切りもまた、正義と平和を求める公然たる働きの帰結です。

## あなたがたは迫害され、殺されさえするであろう

共観福音書に掲げられている物語は、イエスが共同体を形成し、弟子たちに非暴力を訓練し、その人々を非暴力の宣教者として帝国の中へと派遣することで始められています。彼は「私があなたがたを遣わすのは、狼の中に羊を送り込むようなものである」と一二人に告げ、暴力に直面したときになすべき確固たる非暴力の実践について説かれます。「人々には用心しなさい」。そしてこう言われます。

あなたがたは地方法院に引き渡され、会堂で鞭打たれる。また、私のために総督や王の前に引き出されて、彼らや異邦人に証しをすることになる。引き渡されたときは、何をどう言おうかと心配してはならない。言うべきことは、その時に示される。というのは、語るのはあなたがたではなく、あなたがたの中で語ってくださる父の霊だからである。兄弟は兄弟を、父は子を死に渡し、子は親に反抗して死なせるだろう。また、私の名のために、あなたがたはすべての人に憎まれる。しかし、最後まで耐え忍ぶ者は救われる。一つの町で迫害されたときは、他の町へ逃げなさい。……家の主人がベルゼブルと言われるのなら、その家族の者はなおさら悪く言われることだろう。（マタイ一〇・一七～二五）

しかし、イエスのアドバイスはこうです。「人々を恐れてはならない」(二六節)。

この警告は四福音書を通して現れます。ヨハネの物語における過ぎ越しの食事の場面では、それはイエスが逮捕されるほんの数時間前のことですが、正義の探究者と平和の作り手が直面するであろう迫害が不可避である理由について、こう述べておられます。「人々はあなたがたを会堂から追放するだろう。しかも、あなたがたを殺す者が皆、自分は神に奉仕していると考える時が来る。彼らがこういうことをするのは、父をも私をも知らないからである」(ヨハネ一六・二～三)。この説明は、世界の暴力の核心を突いています。私たちが暴力的であるのは、私たちがイエスあるいは神を知らないからです。イエスと平和の神を知っていたなら、神とイエスが完全に非暴力であり、無限に平和的であり、無条件に愛に満ちていることを理解しているはずです。そして、直ちに武装を解いて、完全に非暴力、平和的で愛に満ちるよう努力するはずです。けれども、私たちはイエスあるいは平和の神を知らないか、よくてもせいぜいイエスは暴力的であり、神はその敵をすべて叩き潰し、私たちを一人残らず地獄に投げ込む準備ができている主戦論者であると仮定する程度です。だからこそ、私たちは暴力的であり、殺し合うのです。

私たちがこの世界の暴力の犠牲者に寄り添えば寄り添うほど、そして正義と平和のために公然と働けば働くほど、人々はいよいよ反発するであろうとイエスは教えておられます。家族が拒むでしょう。教会の権威者は懲罰にかけるでしょう。国家は嫌がらせするでしょうし、投獄さえするでしょう。「お前たちは平和を乱している」。その者たちは戦争や殺人を指示する一方で、そう口にするでしょう。「君たちは霊的でも信仰的でも宗教的でもない」。そう叫ぶでしょう。「お前たちはトラブルメーカーでしかない」。私たちはこうした圧力に屈して、心配なく静かに快適に暮らすことができます。迫害を避け、正義と平和を求めるたたかいから逃げ出すことができます。けれどもイエスは、そうした選択の帰結について明言なさいます。あなた方は神の国から最も遠い、と。

私たちは、正義と平和の働きが招く結末に備え、非暴力と日毎の祈りと地域支援を保持しながら、できる限り頑張ることができます。私たちはたとえ何があろうとも、非暴力的に対応できるよう自らを訓練することができます。そして、私たちの努力が世界中の抑圧されている姉妹たち・兄弟たちを助けることになることを知るようになるでしょう。私たちがその人たちの苦しみを軽減し、人殺しを止め、正義と平和をもたらすことができるかどうかは分かりません。けれども、もし努力しなければその人たちを助けることは絶対にできないことは確かです。ですから、シートベルトをしっかり締め、イエスに従うのだと固く決心して前に進み、最悪の事態に備えて、神に信頼し、最良のものを希望しながら、正義と平和のためのたたかいを続けていくのです。私たちの弟子としての信従は、ドロシー・デイが言ったように、正義と平和を求める働きのゆえに直面する迫害の総量――どれだけトラブルにまみえるか――によって測られます。

この第八福の道の三大事例はガンディーとキングとオスカル・ロメロ大司教でしょう。ジェームズ・ダグラス(40)がその素晴らしい著書 *Gandhi and the Unspeakable* の中で書いているように、ガンディーは彼の暗殺者のことを数十年にわたって知っていました。マーティン・ルーサー・キング・Jr牧師は、モンゴメリー・バスボイコットの初期からメンフィスでの暗殺の日まで、殺すぞとの脅迫を毎日受けていました。モンゴメリーでは自宅が爆破されました。ハーレムでは刺され、セルマでは殴られました。彼が耐えた迫害の日々は想像を超えるものでした。エルサルバドルのオスカル・ロメロ大司教も殺すぞとの脅しを日常的に受けていました。けれども彼は、ガンディーやキングと同じように、正義と平和のために声を上げ続けました。一九八〇年三月二三日、ロメロはその最後となった説教の中で、政府と暗殺部隊と兵士らに向かって直接、こう言いました。「あなたがたに命じる。抑圧を止めなさい」。翌日、ミサをあげている最中に彼は銃撃され、殺されました。

ガンディーとキング、ロメロが受けた苦しみのどれもが、そして彼らのような数千の殉教者たちの苦しみのどれもが、イエスによって予告されていたものです。これらの殉教者は、自分たちの公然たる働きの帰結についてはよく分かっていました。自分が殺されるであろうことを知っていました。けれども、イエスのように、それにもかかわらず祈りつつ頑張り通したのです。この人たちは、正義と平和のために声を上げること、この世界の武装解除のために積極的に変化をもたらすこと、そして神の国のために命を危険にさらすことの力を私たちに示しています。

## 私の迫害体験

正義と平和を求めて働く中で、私自身が迫害の受けるべき分を経験してきました。友人たち、親戚、同僚からの声高な反対やイエズス会の権威筋と教会の役職からの攻撃に、三〇年以上にわたって曝されてきました。この数十年の間、アメリカ中の司教や教区民、小教会によって公然と非難され、一〇〇〇回に及ぶデモの際には反デモ勢力や見物人からの憎悪に直面し、幾度も逮捕され、訴追され、投獄されてきました。人生のうちの一年間を牢獄の中で過ごし、選挙権を剥奪されました。多くの国に渡航できませんし、政府によって高度に監視されています。――どれもが正義と平和を求めて働いたゆえです。

かつてニューメキシコ州の高地荒涼地帯の遠隔地教会で田舎司祭として仕えていたとき、ある朝起きると、玄関前でナショナルガードの一部隊が全隊――七五人ほどの武装した兵士ら――が次のように声を揃えて怒鳴っているのに気づきました。「一弾、一殺!」何度も何度も叫んでいました。私はアメリカ合衆国の対イラク戦争に反対して声を上げていました。そこで彼らは司祭館まで行軍してきて、私を脅し嫌がらせしたのです。合衆国軍の正規部隊が合衆国一般市民の家にまで行軍し、反戦活動をしているからといってその人に嫌がらせをし、迫害するなどということは、米国現代史においては初めてのことでした。その期間私は、自分のカトリック教区民からのものを含めて、山ほどのヘイトメールと脅迫状を受け取りました。

年月を経て、私は迫害をイエスの信従者、そして八福の教えの実践者としての職務明細の一つとしてとらえようと心に決めました。それはストレスの多いものですが、日毎の祈りと友人たちの助けによって、新しい見方、そしてユーモアのセンスさえ身につけることができました。(私は軍が次のように命令している様を想像しようとしました。「急げ！　ナショナルガードを呼ぶんだ！　あの司祭はイエスについて語ってるぞ！　八福や平和創造について語ってるぞ！　奴を止めろ！　さもないと、奴は国を倒してしまう！」)

最後に、人はとにもかくにも前に進むことができます。祈りを唱えつつ、福音書を読みつつ、まるで神の国の中を今生きているかのように、イエスと共に今この平和の時を生きて行くのです。

## 神の国のゆえに喜んで迫害に苦しむ

大多数の人は、私たちは迫害を求めるべきではない、という意見に賛成するでしょう。もちろん、私たちは暴力でもって対抗するよう民衆を駆り立てたくはありません。けれども、イエスと彼の八福の教えは、正義と平和を求める働きに応えるよう私たちを招集していると思います。彼が私たちに期待しておられるのは、暴力の文化に抵抗し、経済的不正義というテーブルをひっくり返し、彼の非暴力の国を唱道することです。私たちがあらゆるところで人々を招いて、彼の非暴力のたたかいに加わるようにすることを望んでおられます。そうすることで、人殺しは止み、組織的不正義と戦争は終わるのです。

その意味で、私たちは能動的に迫害のリスクを身に負うのです。私たちは自分がどのような窮地に立たされるのかを知っています。苦しんでいる世界の大衆を代表して、民衆の口火を切るのです。私たちは、ことわざが言うように、「悩める者を慰め、安穏としている者を悩ます」のです。ガンディーの言葉に「われわれは苦しみを得ようと努める（We court sufferings）」[41]というのがあります。私たちは復活の約束と共に、神によって既に守られていることを知っていますが、世界の武装解除のために分を果たすことを神が求めておられることをもわきまえるものです。

紛争解決の方法としての知恵と効率、そして戦争に比してかかる経費の少なさにもかかわらず、この第八福を唱道する人はわずかです。正義と平和のための迫害のリスクについては、ほんのわずかな人しか語っていません。一方で、どのようにして他者を迫害するのかを、私たちの多くは教会や学校、そして大学の中でさえ、教えられているのです。

けれども、誰かを迫害する日々は終わりました。私たちは非暴力です。私たちは二度と誰かを迫害することはいたしません。非暴力と正義と平和を求める働きの中で、正義と平和の到来のために必要とあらば、私たちは迫害されることをいといません。

キリスト教は、正義と平和のための働きを強く求める――**さらに**その後に来るであろう迫害に備えさせる霊的教えを有する――ただ一つの宗教です。キリスト教は「いい気分になる」宗教ではありません。また、「いい気分になる」教えをも説いていません。その教えは、この世界を武装解除し、天の正義と平和を地に迎え入れるために働くときにもたらされる、避けることのできない痛みと苦しみを受け入れることを要求します。キリスト教はまた、力と富、成功、あるいは名誉の宗教ではありません。むしろ、無力、貧しさ、敗北の宗教、そして拒絶される宗教です。私たちに十字架を担ぐよう常に訓練する宗教です。この第八福においてイエスは、正義と平和を求める働きのゆえに待ち構えている十字架へと私たちを向けます。もし毎日非暴力に努力を傾けないのであれば、私たちは神に、軍隊を祝福するよう、敵を殺すよう祈る者となってしまうでしょう。現代のイエスの迫害者となってしまうでしょう。

この光に照らして見るとき、迫害は祝福**である**のです。このことは私たちを謙虚にします。私たちをひざまずかせ、神へと向け、神にのみ信頼させます。私たちの非暴力を試します。十字架に付けられたイエスに集中するよう、仕向けます。もし正義と平和のゆえに逮捕や投獄、あるいは殉教を経験するのであれば、私たちはイエスの命、苦しみ、そして死を分かち合うのであり、それはあらゆることにまして最大の祝福です。

私たちはこの大いなる、そして痛み多い課題のために自分の命をリスクにさらす覚悟があるでしょうか。他の数十億の人々と同じように、私たちはトラブルを避けて歩き去ることができます。けれども、正義と平和の必要性を認識し、運動に加わり、たたかい続け、そしてできる限り非暴力的で愛に満ちながら、好ましくない結果に対処することもできるのです。これらの教えは、私たちを至高の人間経験――神の非暴力的到来のための、苦しみが長く続く、ゆっくりと進行する殉教にあって、人類と全被造物、創造世界そのものを代表して自分の命を差し出すこと――へと招いています。

これ以上の偉大な愛はありません。これ以上に価値あるものはありえません。

# 第10章　喜びなさい、大いに喜びなさい！　あなたがたは預言者のごとくなるであろう！

「私のために、人々があなたがたを罵り、迫害し、ありもしないことで悪口を浴びせるとき、あなたがたは幸いである」とイエスは続けられます。「喜びなさい。大いに喜びなさい。天には大きな報いがある。あなたがたより前の預言者たちも、同じように迫害されたのである」。ここでイエスはさらに進んで、正義と平和を求める働きの痛み多い結末を強調しておられます。そして、迫害を受けるとき、喜び歓喜するよう、私たちを招いておられます。なぜなら、私たちは今や預言者のパンテオンに加わったのですから。イエスにとっては、平和の神の預言者であること以上に大いなることはありません。

イエスは、弟子として私たちが受けるであろう言葉による致死的暴力について、単刀直入に述べておられます。私たちはイエスと同じく、正義と平和と非暴力を大胆にも大声で呼ばわるからです。私たちが正義と平和のための働きのゆえに称賛や名誉を受けることはなく、むしろ侮辱とあらゆる類の非難を受けることを彼はご存じです。福音書全体を通して明確にしておられるように、イエスは考えられる限りのあらゆる蔑称で呼ばれ、悪魔そのものとさえ言われました。その弟子もまた考えられる限りのあらゆる蔑称を付けられて呼ばれることでしょう。もし私たちが戦争と不正義に対して声を上げ、パブリック・アクションを起こすなら、悪口の集中砲火を浴びるでしょう。もし私たちがイエスの名においてそのことをなし、彼の非暴力の道を実践するなら、人々はさらに激しく攻撃してくることでしょう。人々は私たちのことをクレージーな活動者だとか、理想主義的ヒッピーであるとか、世間知らずのトラブルメーカーだとか、あるいはもっと酷いことを言ってくるでしょう。イエスがポイントをはっきりと示してくださったのですから、今日から私たちは、正義と平和を求める働きがもたらす結末について、明確でなければなりません。そして、たとえ何があろうとも、非暴力と喜びと歓喜のうちに不動でなければなりません。

## 喜びと歓喜

正義と平和を求める働きのゆえに、すなわちイエスのゆえに迫害や言葉による暴力に苦しむことがあれば、私たちは「喜び、大いに喜ぶ」べきです。イエスが私たちに何らかの感情表現をなすよう求めたのは、これで二回目です。イエスは第二福において、不正義と戦争によって苦しみ、死んでいく人たちのために嘆き悲しむよう求められました。今ここではイエスは——正義と彼の名のゆえに迫害や言葉による暴力を受けるからこそ——喜ぶよう、喜びと歓喜を練習して育むよう私たちを招いておられるのです。喜びなさい、大いに喜びなさい。なぜなら、あなたがたの報いは天にあってはとても大きいのだから、と告げられます。この最後の祝福において、私たちは非暴力的平和の作り手の大切な二つの感情――悲しみと喜びについて学ぶのです。私は正義と平和を求める地球大の運動に三五年関わってきて、このことがよく分かりました。

迫害や嫌がらせに直面したとき、正義と平和の活動者はときおり、怒りや憤り、敵意や恨み、あるいは憎悪でさえ応じてしまうことがあります。けれども、イエスはこうした否定的、激しい感情について警告なさいます。なぜなら、そうした情動はそれ自身の中に暴力の根を宿しているからです。暴力は、私たちが育てたり耕したり広げたりしたくないものでしょう。そうした激しい情動は私たちを食い尽くし、破壊するだけです。私たちの非暴力を弱らせ、暴力へと導くものです。私たちを憎む者に対する憎しみは、結局は私たち自身を傷つけてしまいます。古い格言を援用するならば、憎しみをもって応じることはブーメランを投げるようなものです。それは誰かに向かって放たれますが、結局は戻って来て自分の頭に当たるのです。

そうではなく、反対や嫌がらせ、迫害に直面したときには、喜ぶこと、大いに喜ぶことをイエスはアドバイスしてくださいます。正義と平和のための働きにおいて否定的反応が引き起こされたときには、私たちは大いに祝って喜ぶことができるのです。そして、痛いところを突いたということ、変革のプロセスが始まったこと、そして私たちの働きが他者の武装を解くであろうことを知って、私たちの内側にある喜びの深みを感じることができるのです。私たちは何よりも、非暴力のイエスの復活の神秘を共に味わっているのだと気づきます。

ダニエル・ベリガン、デズモンド・ツツ、マザー・テレサ、ティク・ナット・ハン、シーサー・チャベス[42]、マイレッド・マグワイア、ヘレン・プレジャン、そしてドン・エルデル・カマラ——こうした人々は私が出会った中で最も喜びに満ちた人たちでした。ここではハッピーとか楽天的とかいった言葉を使っていないことにご留意ください。この人たちはイエスのことを文字通り受け取り、八福の教えと山上の説教を生き、自分の立場のゆえに苦しみを受け、その途上にあって喜びと歓喜をもって祝った人たちです。

俳優であり活動者であるマーティン・シーン[43]は、生涯かけて戦争と核兵器に抵抗したことで知られるダニエル・ベリガンについて、以前次のように話してくれました。彼は自分が今まで出会った中で最も面白い人だった、と。ダニエルは私たち皆を常に愉快にしてくれました。彼と一緒にいることは喜びでした。マザー・テレサも同じです。私は、彼女がとてもお茶目で朗らかな人であることに気づいていました。ティク・ナット・ハンと最後にお会いしたとき、彼は私の問題について冗談を言い、自分で自分に突っ込みを入れていました。私たちは二人で午後の時間をまるまる笑って過ごしました。デズモンド・ツツ大主教は、その生涯を通して死の脅迫の中にあるにもかかわらず、キリスト教的喜びの精神を体現しています。悲しみと喜びは彼の長い人生の伴侶であり、八〇歳代にあって正義と平和の働きに誠実であり続けることを可能にしています。彼は偽りなく第八福の人です。

私はこうした方々と一緒にいる中で、イエスは正しかった、と気づきました。――喜びと歓喜は迫害に対する正しい反応であり、そのような仕方で応じることは可能だ、ということです。私は自分の人生を、正義と平和のたたかいの中にあるこれら偉大な友人たちのように過ごしたいと願っています。恨みと怒り、憎しみ、敵意の中で人生を送りたくありません。私はダニエル・ベリガンがかつて言ったように、今ここで復活を味わいたいのです。暴力と死の文化に抵抗するときでさえ、今このとき、神の国の喜びを体験したい。正義と平和を求める働きのゆえに遂には迫害に面したとしても喜びと歓喜を実践するとは、復活の備えをなすという意味なのです。私たちは繰り返して復活を練習し、復活のキリストと顔と顔を合わせてお会いするときに経験するであろう、喜びと歓喜を練習していくのです。イエスが約束してくださっています。その日には、私たちの喜びは完成する、と。そのときまで私たちは復活に備えて練習するのです。

この第八福は、私たちが練習する価値のあるものです。このことについて確信を持てないのでしたら、実証してみてはいかがでしょうか。声を上げ、正義と平和という理想に加わってください。運動に参加して通りを行進し、パブリック・アクションを起こしてみてください。そして、拒否的反応に備えるのです。反対に直面したとき、どのように対応するのか、どのような感情を内面に持つのか、見つめてください。怒りや憤り、憎しみ、敵意さえ沸き上がってきましたか。そうした感情は有益で、非暴力的で、慰めと励ましに満ちたものでしたか。そうではなく、イエスが教えておられるように、こうした敵対にはどうしたら喜びと歓喜をもって応じることができるでしょうか。そうした状況に際して、喜び大いに喜ぶことができるよう、手助けしてくれるものは何でしょうか。

正義と平和を求めてたたかうとき、私たちは喜びと歓喜を耕すことが非暴力を育み、平和を保つよう助けてくれることに気づくでしょう。こうした出来事や行動が終わった後、私たちが友人たちと共に祝うことができれば、共同体についての新しい感覚と友情の深まりを見出すかもしれません。こうした肯定的感情、祝賀、眺望は私たちのたたかいを継続させ、その結果、正義と平和を求める草の根運動は徐々に伝わり、野火のように広がっていくことでしょう。

## あなたがたは預言者のごとくなる

けれども、それ以上のことがあります。もし私たちが正義と平和のための非暴力のたたかいの道を歩み続け、喜びと歓喜でもって敵対に応じることができれば、私たちは古の聖なる預言者のようになるであろう、とイエスは宣べておられるのです。イエスの二〇〇〇年前の聴衆にとって、これは驚くべき力強い言葉でした。預言者とは、神の特別な使い、メッセンジャーでした。預言者たちは迫害され殺されましたが、明らかに神から遣わされ、神に満たされ、神と共に生きるべく定められていました。ラビ・アブラハム・ヘシェルが有名にも述べたように、預言者は「歴史上最もかき乱す人たち」でした。イエスにとって預言者は、これまで存在した人間の中で最も偉大な存在でした。もし迫害に対して喜びと歓喜で応えるなら、私たちはこの人たちと同じようになるのです。

預言者というヘブライ語の意味は、「他の誰かのために語ること」です。ミーガン・マキナは彼女の素晴らしい著書 *Prophets* の中でこう付け加えています。

預言者は個としてのスピリテュアリティは有していない。その人々はただ一つのために生きる。すなわち、神の言葉がその口に入れられたということである。預言者のスピリテュアリティとは、ある意味、その口から発せられるまさにその言葉なのである。一人ひとりの預言者はメッセージそのものとなる。預言者は、この民に、この時、この場所で語るべき言葉を体現する。預言者の存在自体がそれ自身において一つのメッセージとなるのである。[44]

このことをフィリップ・ベリガン[45]は次のように言っています。「貧しくされている人々はわれわれのあり様《よう》を示し、預言者はわれわれのあるべき姿について告げる。だから、われわれは貧者を隠し、預言者を殺すのである」。

この第八福においてイエスは、私たちがイザヤ、エレミヤ、エゼキエル、ダニエル、そしてすべての偉大な預言者の系譜に連なる者となることを告げてくださっています。正義と平和を求めて働き、迫害に対して愛に満ちた非暴力で応じるなら、私たちは現代の預言者の一団――ドロシー・デイ、ローザ・パークス、[46] レイマ・ボウィ、[47] マーティン・ルーサー・キング・Jr、モハンダス・ガンディー、オスカル・ロメロ、そしてデズモンド・ツツといった――に加わる、つまり預言者団のリストを更新することになるでしょう。私たちが気づいていようがいまいが、私たちは偉大な仲間の一員となるのです。

数年前、私はオーストラリアのアデレードで開催された「預言者養成所」と名付けられた研修会を導くために招かれたことがあります。その週末、私は自分が知っているエルサルバドルのイエズス会の殉教者たちのことを思い起こしました。会士たちは「預言者的民」となること、さらには「預言者的教会」となることについて語っていました。そして、預言者の共同体として迫害され――暗殺されることで新しい地平を切り開いたのです。研修会では、正義と武装放棄と平和を求める地球規模の草の根預言者運動のメンバーとして自分をとらえるよう勧めました。そして、真の預言者として自己を確立し、この預言者的ミニストリーを継続させる助けとなる一二のポイントを示しました。以下がその一二です。

第一に、預言者とは神の言葉に注意深く耳を傾ける者のことです。神に聞き、神の言葉のままに神を受け取り、神のメッセージを告げるために世界の中へと出て行く黙想者、神秘者です。それゆえに、預言者は恐れることなく公然と、時が良くても悪くても、妥協することなく、神のメッセージを語るのです。

第二に、預言者は朝昼晩、神に集中します。預言者は自分の意志を行うのではなく、自分のメッセージを語るのでもありません。預言者は神のご意思を行い、神のメッセージを語ります。簡単に言い換えるならば、預言者は平和の神の非暴力的スポークスパーソンなのです。神は預言者を次の言葉を告知するために遣わされます。「行ってわが民に『神はこのように言われる……』と告げよ」。預言者はその告知の中で、神とは誰であるのか、何を求めておられるのか、そして私たちは何者なのか、いかにして私たちは十全たる人間となりうるのか、私たちに告げる者です。

第三に、預言者は時代のしるしを読みます。預言者は私たちのちょっとした裏庭の事柄や説明しがたい今後のみならず、全人類の日毎の出来事における今ここでの世界について関心を持ちます。預言者は――戦争、飢餓、貧困、企業の強欲、ナショナリズム、構造的暴力、核兵器、そして環境破壊といった――大状況をとらえます。預言者はこうした今の現実を、アナリストや識者、ペンタゴンの報道官の目を通してではなく、神の目を通して解釈します。預言者は現在起きている事柄についての神の受け取り方を私たちに告げるのです。

第四に、預言者は一つの立場をとります。貧しくされた人々、力を持たない人々、周縁に置かれた人々との連帯――イグナシオ・エリャクリア[48]がかつて述べたように、十字架につけられた世界の人々との連帯――に立ちます。預言者は声なき人々の声となります。まさしく声なき神の声なのです。

第五に、ヘブライ語聖書のすべての預言者は、一つの主要な問題、すなわち正義と平和に関心を寄せます。預言者は、正しく行動して、社会的、経済的正義という新しい世界を創出するよう、民に呼びかけます。それが平和という新しい世界の基盤となるのです。正義と平和が神のみこころであるということ、すなわち神は今この地で正義と平和を求めておられることを預言者は聞きました。そして預言者は、霊的生活を望むのであれば正義と平和のために働かなければならないことを、しりごみすることなく私たちに告げ知らせるのです。

第六に、預言者は告知(announce)と非難(denounce)を同時にいたします。神の正義と平和の国を告知し、そして世界の不正義と戦争の体制を公然と非難します。マーティン・ルーサー・キング・Jrと同じく、預言者は非暴力と武装放棄という代替案を高く掲げて、暴力と武器という時代遅れの手段を打ち倒すのです。

第七に、預言者は現状に挑戦します。預言者には傍観ということがありません。力を持つ者は挑まれ、帝国は抵抗され、組織的不正義は露わにされます。預言者は、国家という水漏れ船を力込めて揺り動かし、私たちの呑気な充足感を揺さぶります。事態は切迫している、と預言者は言います。あながたがなしていることを止めなさい。正義と平和は生死を分かつ問題なのだ。安っぽい愛国主義はすべて払いのけなさい。ナショナリズムは片付けてしまいなさい。初期のキリスト教徒が見て後退《あとずさ》りしたローマの軍旗と同じように、ナショナリズムは今日の偶像的旗——大量殺人を起こさせる旗——なのです。預言者ならそうした偶像崇拝に正面から挑むでしょう。預言者は恐れを知らず、大胆にも公然と挑戦します。そして同じことを行うよう私たちを励ますのです。

第八に、預言者にあっては安全な生き方は通常、退けられます。たいていの場合、預言者はトラブルに巻き込まれます。預言者は私たちの国の敵への愛を呼びかけます。国家の偶像を倒し、豊かな人々や権力を持つ人々を憤らせ、大量殺人を合法化する法律を破ります。好戦的な文化は預言者のことを、単に扇動者としてではなく、取り憑かれた者、精神のバランスを崩した者として攻撃し、免職します。その結果、預言者は退けられ、拒絶され、痛めつけられ、周縁に追いやられ——やがては懲らしめを受け、脅迫され、攻撃対象とされ、盗聴され、追尾され、投獄され、場合によっては殺されるのです。

第九に、預言者は、不承不承でいる宗教機構の中枢に鮮烈な言葉を投げつけます。そのところで宗教指導者――国家的犯罪の中にあっても沈黙を守り続ける司教や司祭ら、死の産業を見過ごしながら十字架をなぞり、教会の財源に血で濡れた金をかき入れている聖職者ら――の自己充足と感覚麻痺と対決するのです。苦々しい皮肉であり、よくある話――ほとんど不可避な話――ですが、神の名の下に運営される組織はしばしば神の預言者に背を向けるものです。

第十に、真の預言者は、稲妻を下すよう嬉々として天に求める者ではありません。むしろ、同情心と優しさのオーラをまとっています。預言者は善良で礼儀正しく、親切で寛容です。喜びを自らの中に育み、喜びを今放つ者です。たとえば、バプテスマのヨハネについての一般的イメージは、強烈な怒りと憤怒として描かれます。けれども、こうした性格付けは一方的です。彼自身の言葉においては、彼は花婿の言葉を注意深く聞く付添人であり、それゆえに「私は喜びに満たされている」（ヨハネ三・二九）と話を結んでいます。彼は最も偉大な預言者であるばかりでなく、喜びの人でもあったと私は思っています。

第十一に、預言者は先見者です。鈍感の文化において洞察を与えます。闇の時代、預言者は私たちの道を照らす光です。他の誰にも見えないときも、預言者は見ることができます。そして、預言者が見るのは、神の目的が染みこんでいる世界。すなわち、すべての人のための正義と平和と安全に満ちた世界、全創造世界が安らぎと憩いを得ている世界です。預言者はビジョン――そのビジョンとは望むならば私たちのものとなるもの――を高く掲げます。預言者は「それを実現させよう。われわれは祝されるであろう」と言って、そのビジョンを実現可能にするのです。

最後に、預言者は希望を与えます。ときおり預言者は絶望しているように聞こえますが、それは世界の最も暗い現実にはっきりと気づいているからこそのことです。そうした事どもは私たちを圧倒します。私たちはむしろ聞きたくないと思うかもしれません。けれども、聞くことが私たちのただ一つの希望なのです。というのも、預言者の率直なビジョンの背後には、私たちが滅多に理解することのない希望――神が私たちと共におられるとの認識、神の国は既に私たちのものであるという認識――があるからです。この希望に気づくためには、自分を信頼して真理の深みを探り、神が私たちを見ていてくださることに信頼しなくてはなりません。

預言者について省察することは、なすに価ある霊的実践です。あなたが耳を傾けている預言者は誰ですか。あなたはどのような預言者を個人的にご存じですか。予期せぬ仕方であなたの進む道と世界を預言者的に照らしたのは誰ですか。あなたの身の周りのどこで預言者的ビジョンは力を発揮していますか。あなたはどのようにそれに加わりましたか。そして、さらに参与を深めるためには何ができますか。帝国主義的不正義と戦争に対する公然たる批判の声に、あなたはどのようにして新たにご自分の声を加えますか。貧困と強欲に対しては？　核兵器庫と軍事的企図には？　預言者の生き方を再び力強いものとするために、どのようにして他者を助けますか。私たちはどのようにすれば「預言者的生き方の生徒」でありえるでしょうか。またどのようにすれば、成長途上にある正義と平和の預言者的草の根運動に仕えることができるでしょうか。こうした問いについて省察することは、平和の八福をよりよく生きる手助けとなるでしょう。

私たちは預言者であろうと願っているでしょうか。預言者としてその人たちと同じ命運に苦しもう、その喜びと歓喜を共有しようと願っているでしょうか。正義と平和の神の言葉を聞こうと願っているでしょうか。人々が私たちに耳を傾けようが傾けまいが、結果は度外視して、神の言葉を戦争の世界に告げ知らせようと願っているでしょうか。この八福の教えのクライマックスにあって、預言者的、平和創造的、非暴力的イエスは、神の国は私たちのものであることを認めつつ、平和の作り手たち、預言者たちの系譜に連なるよう、私たちに求めておられます。たとえ何があろうとも、喜びと歓喜をもって正義と平和を探求するよう、求めておられます。この約束は探求するに価高いものです。

# 第11章　しかし、私は言っておく

八福の教えを説かれた後、イエスは、私たちが世界の光であること、丘の上の町であること、そしてこの知恵を宣べ伝え、道を指し示すよう呼び集められた者であることを語りかけておられます。彼がガリラヤ湖畔で弟子たちに宣言なさった内容は驚くべき約束であり、それは私たちに向けられたものでもあります。イエスの八福の教えを生き通すよう、これらの教えを行動と言葉を通して世界に告知するよう、私たちは招かれています。

それと共にイエスは、山上の説教の「具」すなわち通常「六つの反対命題」と呼ばれるものを世界に発出しておられます。彼は、ご自分が来たのは律法と預言者を廃止するためではなく、完成させるためであること、これらの戒めを教え実践する者は神の国では大いなる者と見なされるであろうことを告げておられます。いずれの反対命題も「あなたがたも聞いているとおり……と命じられている。しかし、私は言っておく」で始められています。どの場合でも、ヘブライ語聖書の中核となる教えを取り上げて、それを完成させるためにさらに先へと進み、普遍的な非暴力、愛、そして平和の光のもとにそれを変化させておられます。六つの反対命題は八福のビジョンから直接流れ出しているのです。それらは八福の具体的な適用であり、そのクライマックスと言える第六の教えを導き出しています。第六の教えは、その時代に至るまでに書き著されたものの中で最も革命的なものです。

マタイ五・二一は次のように始まります。「あなたがたも聞いているとおり、昔の人は『殺すな』と命じられている」。そしてこう続きます。「しかし、私は言っておく。腹を立てるな」（原著者による）。この衝撃的な教えと共に、イエスは私たちに非暴力の感情生活について教える一方、私たちの暴力の根を掘り出されます。その前のところで、悲嘆と喜びの両方を実践するよう求められましたが、ここでは怒りと恐れを避けるよう語りかけておられます。イエスは言明なさいます。怒りは私たちを暴力や殺人、ひいては戦争へと連れて行きかねない。だからこそ、全面的に禁じるべきだ、と。怒りは私たちの内部にある傷を表すものです。私たちは誰かによって傷つけられてきました。ですから、私たちは怒っているのです。怒りの中にあるとき、私たちはたやすく当該の人物、あるいは他の誰かに非難を浴びせかねません。けれども、イエスは報復を禁じられます。集団的怒りが人々に対する差別や拷問、処刑へと私たちを導き、さらには戦争を始めたり、核兵器を製造して数十万もの人々を一瞬にして蒸殺したりしかねないのです。

私たちは傲慢にも自分たちの方がイエスよりわかっていると仮定した上で、怒りをもって自分たちの、特に活動者としての怒りを擁護します。けれども、暴力と戦争の記録はイエスが正しいことを証明している、と私は考えています。怒りは平和をもたらしません。ただ報復、暴力、戦争を生み出すだけです。ガンディーは、その発言の中で「自分の怒りを保存しておく」理由としてこのテキストを引用した、ここ数百年の間に出現したごく稀な公人の一人でした。彼は亡くなる直前に、それは自分がなした中で最も賢明なことであったと述懐しています。

節が進む中で、イエスは、私たちが怒るのではなく、これまで傷つけたすべての人々を思い浮かべるよう求めておられます。神を礼拝しに行く前に、自分が傷つけた人々を見つけ出し、謝罪し、その人たちと和解せよ、と。ギリシア語原文では、この戒めは「ディアラゲーティ（和解してもらえ）」となっています。イエスにとっては、非暴力的和解こそが最優先なのです。

## 悪を行う者に暴力的に対抗するな

怒りと殺人を避けよとの戒めは始まりに過ぎません。不倫、離婚、嘘を避けるよう命じた後、イエスは第五の反対命題の中で、暴力や悪を振う者に面した際にも暴力的に仕返しすることをはっきりと禁じておられます。「あなたがたも聞いているとおり、『目には目を、歯には歯を』と言われている。しかし、私は言っておく。悪を行う者に暴力的に対抗してはならない」（マタイ五・三八〜三九、『聖書協会共同訳』を原著者に従って変更）。律法は、負わされた傷以上の体罰を与えるべきではないとして、公平な刑罰を法制化しようとしました。しかし、イエスはここでいかなる形態の体罰も暴力的報復も禁じておられます。彼はまったく新しい生き方を提唱しておられるのです。すなわち、抑圧と帝国の支配に対する創造的な非暴力抵抗です。

新約聖書研究者のウォルター・ウィンクは、その画期的著書 *Engaging the Powers*（『諸力とたたかう』）の中で、ギリシア語の「アンティステーミ」の意味を「暴力的に抵抗する。暴力を用いて反乱を起こす。あるいは蜂起する」[49]であると解明しました。イエスは命じます。「アンティステーミするな」。つまり、「悪を行う者に暴力的に対抗するな」ということです。換言するならば、悪に抵抗するために暴力を用いるな、ということでしょう。イエスは私たちに、暴力に協同すること、あるいはさらなる暴力で報復することを拒否することで、暴力の下降螺旋《らせん》的連鎖を破るよう求めておられるのです。暴力に暴力で応じることはさらなる暴力を導くだけである、とイエスは教えられます。ウィンクはイエスをこう翻訳しています。「悪を鏡映するな」。「悪に悪をもって報いるな」[50]。このことは、私たちが身を引いて受け身で暴力に苦しむということを意味しているのでしょうか。まったく違います。暴力に面したときには、ただ二つの選択肢しかない、とこの世界は告げます。すなわち、暴力で反撃するか、逃げ出して何もしないか、です。けれどもウィンクは、イエスが三つ目の選択肢である「第三の道」すなわち「行動的非暴力抵抗」をどのようにして提出なさったか、を説明しています。

山上の説教の第五反対命題は、悪に対する非暴力抵抗についての全史における最も明確な教えです。けれども、それは常に受動的なものとして誤解されてきました。研究者たちは今では、このテキストは抑圧者が用いたのと同じ方法を取ることなく武装を解く、創造的、挑戦的、非暴力的行動を呼びかけていることに同意しています。イエスは、私たちに行動的非暴力でもって悪に抵抗するよう求めておられます。そして、自らの立場を堅持し、真実を語り、普遍的人間性を主張し、私たちに対抗してくる人々の武装を解くことを求めておられます。苦しみを受ける愛という危険をあえて冒し、神に信頼して、対向者の回心を求めて働くことを求めておられるのです。そうすれば、悪を行う、あるいは組織的不公正を支持する者は武装を解くことができるでしょう。目標は、私たちに対抗してくる者を傷つけたり殺したりすることではありません。そうではなく、その人を変革し、心を入れ替えるよう導くことにあります。その人を真理へと回心させ、非暴力へと転換させて、今ここで神の愛と平和の国を迎え入れるよう、その人と他の人々を手助けすることにあるのです。

イエスは、良い教師がそうであるように、ただ理論を与えるだけで私たちを放置なさいません。このことを行うにはどうすればよいのか、五つの具体例をくださっています。第一は、「誰かがあなたの右の頬を打つなら、左の頬をも向けなさい」です。ウィンクが説明しているように、右利きの世界では、右手で叩けば相手の左の頬（！）に命中します（拳で相手の右頬に当てるためには、左手で殴らなければなりません。けれども、左手は不浄な行為をするときだけに用いられました。ですから、左手を使うならば、処罰される可能性がありました）。そうしますと、右手で相手の右頬を打つ唯一の方法は、右手の甲で叩くことです。イエスがここで扱っているのは、すなわち殴り合いではなく、上位から下位への暴力的侮辱なのです。これはまさに、奴隷所有者ないしは兵士らのガリラヤの抑圧された民衆に対する振る舞いであり、暴力による仕返しが必ず報復を招くところの対等ではない関係性のことです。こうした侮辱を受けた際に、もう一方の頬を向けるというのは、人間としての尊厳、対等性、そして自分が人間であることをはっきりと主張して、その場で抑圧者を止めることです。それは、ウィンクが説明したように、抑圧された者に対等な立場を装わせることです。「あなたにわたしを侮辱する力はない、ときっぱりと言っておきます。わたしはあなたとまったく同じ人間です[51]」。

ウィンクの洞察がすべてを変えます。私たちが受け身にも抑圧者の暴力に苦しむことを、イエスは望んでおられません。抑圧者の不正に非暴力的に抵抗するよう求めておられるのです。イエスは、自由のために非暴力行動を思い切ってなすよう、抑圧された者たちに求めておられるのです。私たちは力なく寄る辺ない身では決してありません。イエスは私たちに何かを行うよう求めておられます。けれども、それにはリスク（！）が伴います。暴力に直面したとき、そのときその場所で対立者と非暴力的にたたかうということです。

「あなたを訴えて、下着を取ろうとする者には」イエスは第二の事例を語り始めます。「上着をも与えなさい」。イエスの時代では、私たちの時代と同じように、貧しくされた人々にはどこまでも借金がついて回りました。人々は上着と下着をまとっておりました。そして、ウィンクが書いているように、法廷に引っ張り出されて、着衣まで差し押さえられたのです。イエスが焦点を合わせているように、極貧の者は、借金のかたとして差し出すものは上着の他、何も持っていませんでした。ですから、その者たちがあなたの上着を要求してきたなら、下着までくれてやりなさい、イエスはそう仰るのです(52)。

けれども、ある貧しい人が法廷で上着を差し押さえられ、下着までも与えてしまったとなれば、その人は自分の裸を法廷で曝すことになります。それはユダヤ社会ではタブーであるのみならず、犯罪でもありました。しかし、その貧しい人がではない！のです。その時代、裸の者を目に留める行為が不法だったからです。イエスの聴衆は瞬時に悟ったことでしょう。律法に違反したとして裁判官と兵士らが自分たちを逮捕し、その貧しい人は自由となって家に帰ったであろう、と。イエスは抑圧されている人々に、権力によって畏怖させられることなく、創造的な仕方で対処し、対立者たちの武装を解除して、非暴力的に自らを解放するよう教えておられるのです。ウィンクによれば、イエスは「抑圧された人々を励ます実践的かつ方略的手法(53)」を提供なさったのです。

イエスは三つ目の事例として、次のように述べておられます。「あなたを徴用して一ミリオン行けと命じる者がいれば、一緒に二ミリオン行きなさい」。ローマ帝国の兵士は貧しくされた人々を強いて、自分たちの代わりに重い背嚢《はいのう》を負わせて一マイル以上行かせることを禁じられていました。しかしながら、法によれば、兵士らは貧しくされた人々に背嚢を負わせて一マイル以上行かせることを禁じられていました。ガリラヤ人たちは、占領者によって全面的に抑圧を受け、弾圧されていました（今日のイラクやアフガニスタン、あるいはパレスチナの民衆とまったく同じように）。イエスはその人々に非暴力的に抵抗する道を示しておられます。もう一マイル行ってやれ、と言われるのです。彼の聴衆は、いかなる兵士であれ軍法を犯せば逮捕され投獄されることを知っていたでしょう。ガリラヤのすべての人がこれを実践すれば、占領軍兵士の全員が投獄されることになるかもしれません。イエスはこうは言っておられません。兵士らに突撃し、殺せ、とは。けれども、引き下がって受動的にも抑圧に苦しむように、とも主張なさいません。暴力を用いずに状況を変容させる、創造的な非暴力抵抗を教えておられるのです。あなたは決して無力ではない、と言っておられるのです。

「求める者には与えなさい」。次にイエスはそう述べられます。お金を儲けて貯め込む代わりに、資本主義を転倒させ、必要の中にある人々に与えるよう教えておられます。ルカが後に説明するように、見返りに何も求めることをせずに、です。寛大で無私の与える者であれ。ウィンクはこう記しています。「イエスは、ご自分の聴衆にただ単に施しをしたり、お金を貸したりするのではなく、利息をまったく期待することなく、あるいは元金が戻ってくることさえ期待しないで貸すよう勧めている」[54]。

最後にイエスはこう言われます。「あなたから借りようとする者に、背を向けてはならない」。もしこの福音的経済学を社会的に、また世界的に適応するならば、私たちはお金を貯め込むことを止め、貧しくされている人々から私たちが盗んだ資源を返却することになるでしょう。飢えている人たちに食べ物を提供し、ホームレスの人たちに住居を供給し、病気の人たちを癒し、誰に対しても背を向けることはなくなるでしょう。私たちはお互い真っすぐに目を見ながら会って、敬意と尊重をもって互いに接遇し、私たちがそもそも持っている人間性を取り戻すことでしょう。

けれども、イエスご自身の生涯は、暴力に替わるものを教えると同時に、そのことをどのように行うのか、を私たちに示しています。私は、彼がその公生涯において、創造的非暴力抵抗を毎時間実践し、武装放棄を求めるパブリック・アクションに何百回も取り組まれたと考えています。彼が受動的であったことはありません。彼は決して暴力を用いませんでした。暴力でもって仕返しすることもありませんでした。ピラトの前でさえ、彼は非暴力行動を起こされます。彼らがイエスを殺した後、彼は死の中から起き上がります。復活は、暴力と死の帝国に対する非暴力抵抗の究極の事例です。イエスは、非暴力が無限に創造的であることを証明しておられます。他方、暴力と報復、そして戦争はただ死に導くのみです。

ウィンクは次のように結論づけています。

マタイ五・三九〜四一にある非武装直接行動の事例は、まったくの独創性の基盤に立ってイエスによって考案されたものと思われる。一世紀のみならず、全人類史においても、反対の頬を向けたり、法廷で裸になってみせたり、あるいは二マイル目を背嚢を負って行くと言って兵士を困惑させたりすることで、抑圧者に公然と反抗することを提唱した者は誰一人いなかった。初期教会は三〇〇年の間、イエスの命じられたことを非暴力ととらえていた。けれども、これらの事例と同じようなユーモアと独創性あふれる発言を、初期教父たちは言うまでもなく、初期教会のどこにも見い出すことができない。実際、これらの言葉はあまりにも急進的、空前絶後、そしてあまりにも脅威的であるので、その意味を把握し始めるのに、これまでの歴史全体を費やさざるを得なかったのである。[55]

今日、パレスチナからイラク、カンボジアからハイチに至るまで、世界中で数百万の人々が抑圧と戦争、帝国に対する非暴力抵抗に取り組んでいます。私たちの中のより多くの者たちが、非暴力には力があること、非暴力は社会変革の有効な方法であることをいよいよ学んでいます。創造的非暴力抵抗を携えて運動や実証活動に参加するとき、私たちは恐らく初めて、イエスが求めておられるような彼の成熟した弟子となるのでしょう。

## あなたの敵を愛せよ

第六反対命題は山上の説教のクライマックスです。その時代、何かを著述する者は最も重要なメッセージを全体の最後にではなく、真ん中に置きました[56]。私たちは、そういう意味でも、この革命的な戒めを得ているわけです。「あなたがたも聞いているとおり、『隣人を愛し、敵を憎め』と言われている。しかし、私は言っておく。敵を愛し、迫害する者のために祈りなさい。天におられるあなたがたの神の息子・娘となるためである。神は悪人にも善人にも太陽を昇らせ、正しい者にも正しくない者にも雨を降らせてくださるからである」(マタイ五・四三～四五、『聖書協会共同訳』を一部変更)。

これらは、今まで発せられた中で最も急進的、政治的、革命的な言辞です。非暴力のビジョン、正義と武装放棄を求める働き、普遍的な共感の心と無条件のゆるし、そして平和の神に対する信頼というビジョンを実現するものです。実はこの戒めについて論じる者は少ししかいないのですが、私はこれがキリスト教を要約するものだと信じています。けれども、私たちはこの教えを避け、服従しないよう全力をあげてきました。

どうして？　なぜなら、敵を愛せよとの戒めは、世界のあらゆる国家が命じるすべてのことに反するからです。「奴らは敵だ」と考える理由の総体が根拠となって、私たちはその人々を殺し、敵の土地と資源を自分のために盗むのです。イエスはこの教えと共に、私たちの国家による攻撃の対象となっている民を愛するよう、命じておられます。この教えが国家の言語（nation language）を用いていることは明らかです。イエスが言及しているのは、不愉快な隣家の人たちや難しい上司のことではありません。彼が言う敵とは、私たちの国家によって攻撃対象とされている民のことなのです。私たちにとっては、それはたとえばイラクやアフガニスタンの民衆を意味します。

けれども、私たちはこの戒めを無視しています。なぜなら、国に反対してトラブルに巻き込まれたくないからです。その結末を恐れているのです。私たちが敵を愛したならば、ひょっとしたら敵は私たちのことを愚かで弱いと考えて攻撃してくるかもしれない。そして、もし私たちが逆襲に備えていなかったら、きっと殺されるだろう、と恐れるのです。それで敵を殺すよう準備し続けるのです。私たちはイエスに従っていません。神が守ってくださることを信じていません。国家に服従し、世界大の永続的下降螺旋を戦争へと下り続けるのです。

このクライマックスの一文において、イエスは国家システムの全体をひっくり返しておられます。彼は、誰をも憎まず、とりわけ私たちの国家によって攻撃対象となっている人々を憎まず、罰せず、あるいは殺さないよう、私たちを招いています。そうです、まさしく彼が用いた「愛」（ギリシア語の「アガペー」）は、英語のいかなる単語とも異なっています。アガペーは思慮深い、無条件の、非報復的、犠牲的、すべてを包み込み、すべてを包含する、非暴力的、普遍的な愛のことです。他者のために、この場合では私たちの敵のために、自分の命を捧げる愛のことです。イエスは、神の無条件の、非暴力的愛を実践し、アガペーを、たとえばイラクの民衆に示すよう、私たちに命じておられます。殺さないというだけでは不十分です。私たちは自分の国が他者を殺すことを止めさせなければなりません。そこで、イエスは私たちを招かれるのです。私たちが境界線を越えてすべての人々を姉妹・兄弟として抱き締め、その人たちがいのちの豊かさと愛を持っていることをはっきりと認めて、すべての人々と平和に生きるよう、求めておられるのです。彼は普遍的で非暴力の愛へと私たちを招いておられます。

「あなたの敵を愛しなさい」。けれども、その人々が本当に悪い者たちで、これらの七つの条件に適合するなら、殺しなさい」とは、イエスはどこを探しても言っておられません。いわゆる「正戦論」は、山上の説教、四福音書、あるいは新約聖書の中ではまったく言及されていないのです。正戦論はイエスの死後、数百年後に生み出され、その結果、私たちの不従順さと戦争が正当化できるようになりました。しかし、それはイエスが教え、かつ生きられた非暴力に全面的に対立するものです。

キリスト者がどうしてこの戒めを真剣に受け止めないのか、私にはまったく理解できません。私たちカトリック信者は、全質変化（化体説）を信じています。パンとぶどう酒がキリストの体と血となることを疑うことはありません。では、あなたの敵を愛せよ、は？　私がこの戒めを取り上げるときに受ける一般的な反応は、と言えば、「お前はバカか？　われわれは奴らを殺さねばならない。そうしなければ、何が起こる分からんじゃないか」です。

イエスが私たちに敵を愛するよう命じられるのは、単にそれが正しいからではありません。あるいは、それが単に道徳的だからでもありません。それが唯一の解決方法だからでもありません。神がご自分の敵を愛しておられるからです。それが神の本質なのだ、とイエスは説いておられます。私たちに「天におられる神の息子・娘である」よう求めておられます。「というのは、神はその太陽を悪人にも善人にも昇らせ、正しい者にも正しくない者にも雨を降らせてくださる」からです。神が普遍的で非暴力的な愛を実践しておられるので、私たち——すべての者——はこの神の息子・娘として同じことをなさねばならないのです。

私たちが敵を愛し始めるとき、政府の官僚や兵士、愛国主義的市民は私たちを迫害することでしょう。それこそ、私たちがイエスに従い始めたことを示すしるしです。それこそ、イエスがこの戒めのすぐ後で、祈りについての第二戒をくださる理由です。そこでは、私たちは自分のためにではなく、私たちの敵のためにでもなく、私たちを迫害する者たちのために祈るよう、告げておられます。私たちが国家の敵を行動的に公然と愛するがゆえに私たちを迫害し嫌がらせする人々のために祈るよう、告げておられます。私たちは山上の説教の民として、イラクやアフガニスタンの民衆を愛します。そして、私たちの平和の働きと普遍的な愛に反対する人々のために祈ります。

私たちは果たして、イエスのことをその言葉どおりに受け止め、敵を愛することを試みるでしょうか。行動的で非暴力的な愛を、私たちの国家が攻撃対象にしている人々にどのようにして示すのでしょうか。どのようにすれば、普遍的で非暴力的な愛の神の息子・娘としての真のアイデンティティを得ることができるでしょうか。これらの問いは成熟したキリスト者が格闘すべきものです。

## ヒバクシャをロスアラモスにお連れして

数年前、日本の広島から来た一三人の年配の方々から成る代表団をニューメキシコ州ロスアラモスに案内したことがあります。ほとんどの方が、これまで一度も日本国外に出たことのない人たちでした。そして、その多くが一九四五年八月六日のアメリカ合衆国による原爆の生き残りであり、証言者でした。その人たちは「ヒバクシャ」として知られています。この言葉を英語に訳すならば、「原爆に曝された人々」となります。

この代表団は、「ワールド・フレンドシップ・センター」[57]が結成したものでした。この団体のモットーは「一期一会が平和を築く」です。

堀江壮さんは原爆が落とされたとき五歳でした。彼と姉はちょうど学校への通学の途中で、爆風に吹き飛ばされそうになりました。彼が語ってくれたところでは、もう少し早く家を出ていたら、死んでいただろうとのことです。それ以来、堀江さんは平和活動者であり続けています。[58]「パックス・クリスティ[59]」が催したポトラック（持ち寄りの昼食ないし夕食会のこと）のとき、私は河野きよみさんと娘さんと一緒に座ってお話ししました。夕食の間中、河野さんは自分の物語を聞かせてくれました。アメリカ合衆国が彼女の町に原爆を投下したとき、彼女は一四歳でした。彼女と母親は生き残ることができましたが、家は破壊されました。翌日、河野さんは二人の姉を探すために、煙がたちこめている中、町の中心部に入りました。そして一日中、残骸の中を探し回りました。そうこうしているうちに、お姉さんたちは中心部には行っていなくて、原爆から生き延びたことを聞きました。けれども、河野さんは恐ろしいばかりの死を遂げていく数百もの人々を目撃しました。「その人たち皆が死んでいきました」。彼女は私の目を見ながら話してくれました。「薬もありませんでしたし、どうすることもできませんでした」。

「私の国がしたことについて、申し訳ありません。私はあなたがしておられるように、核兵器の廃絶のために自分にできるだけのことをしたいと思います」。私はそう言いました。

彼女はこう続けました。「若い人たちにしっかり伝えてください。若い人たちには、何が起きたのか、その物語を伝えなくてはなりません。この兵器について語り伝えなければなりません。それを克服するために教育しなければなりません。教育こそが将来のために私たちができる最も大切なことです」。

次の朝、私たちはサンタフェ公園に集まって、私たちの強制収容所の一つに収容された四五〇〇人の日系人を記念して花を捧げました。収容所は「司法省第二次世界大戦捕虜収容所」と呼ばれています。それから、車で山を登って、ロスアラモスに向かい、そこで広島の原爆が製造された建物の跡、アシュレイポンドに集合しました。写真を撮るため、池の縁にある小さな石造りのシェルターの下に集まりました。広島からの代表団は様々な色の折り紙で折られた「千羽鶴」を持ってきていました。そこで私たちは鶴をシェルターの天上の木の梁にぶら下げました。そのまま無事ならよいのですが。

その後、「核の安全性に憂慮する市民の会」のジョニ・アレンズが研究所の稼働中の建物を指さしました。そこでは、合衆国にある全核爆弾のためのプルトニウム・コアが作られています。彼女は、人間を蒸殺する方法をさらに進めるために工場がノンストップでどのように操業しているか、説明してくれました。私たちはロスアラモス研究所の閉鎖と核兵器の廃絶のために声を上げていくことを共に誓いました。

「世界の為政者の皆さん、いつまで、疑心暗鬼に陥っているのですか」。松井一實広島市長は問いかけました。「威嚇によって国の安全を守り続けることができると思っているのですか。広島を訪れ、被爆者の思いに接し、過去にとらわれず人類の未来を見据えて、信頼と対話に基づく安全保障体制への転換を決断すべきではないですか」。

　市長のこの締めくくりの言葉は、私たちの考えを要約したものでした。「私たちは、改めてここに六八年間の先人の努力に思いを致し、『絶対悪』である核兵器の廃絶と平和な世界の実現に向け力を尽くすことを誓い、原爆犠牲者の御霊に心から哀悼の誠を捧げます(60)」。アーメン。

　ですから、私たちは前に進み、イエスが命じておられることを、たとえ完全に理解していなくても行うものです。私たちは敵を愛し、戦争と殺人に反対して働きます。そして、普遍的で非暴力的な愛の神の息子・娘としてのアイデンティティにかなう者となります。

# 第12章　山上の説教のその他の教え

八福の教えと六つの反対命題の後、マタイによる福音書第六章は、神の国を一途に求める人生像へと導く、祈りや施し、断食、ゆるしについての一連の教えを提供しています。これら四つの行為は、非暴力と愛、平和の生のために必要な構成要素として考えられています。けれども、現在実践されている行為に反して、イエスは次のように主張なさいます。これら四つの行為は謙虚さと思慮深さをもってなされるべきである。私たちの祈りは心の静けさの中でなされるべきである。断食を常になし、誰にも知られることなく貧しくされている人々に寄付すべきである。私たちを傷つけたすべての人を何度も何度も、毎日、生涯を通してゆるすべきである、と。これらの基本的な宗教行為は、自分は正しい、あるいは聖なる者であると感じるために行われるのではなく、神のために、愛と平和の神の国のために行うものです。イエスは私たちが偽善者であることは望んでおられません。私たちに、誠実な平和、謙虚な愛、深い共感の心、そして普遍的非暴力の正真正銘の民であるよう、求めておられるのです。

イエスは祈りにおいて、神のみこころが地上でなされるよう、非暴力の神の国がこの世界にもたらされるよう——既に天では成し遂げられているように、この地上でなされるよう——平和と普遍的愛の神に願うことを教えてくださっています。神のみこころとみ国を希うとき、私たちはこれまで私たちを傷つけたすべての人々をゆるし、私たちの神への信頼を刷新させます。イエスの祈りは八福と六反対命題の当然の帰結です。それは今まで口にされたものの中で最も政治的な祈りです。私たちがこれらの祈りを口に上らせ、神のみこころとみ国がこの地上で実現することを希うのであれば、それは国家とその境界を超えて展望しなければならないことを意味します。今や私たちは神の国の市民として行動し、戦争や貧困、核兵器、あるいは暴力のない新しい世界を希求するのです。

この祈りを口にすることは、私たちの国民としてのアイデンティティを放棄することであり、平和の神であり私たちの愛する父であり母である方の息子・娘としてのアイデンティティ、すなわち地上のすべての人間の兄弟姉妹としての真のアイデンティティを認めることです。この祈りと共に、私たちは神と神の国への信頼のうちに呼吸し、平和の神と神の国に私たちの全焦点を合わせるのです。

これが山上の説教の肝であり、イエスの根本的な出発点となっています。彼の八福の教えと六つの反対命題は今や、完全に意味をなします。彼はすべてを平和の神、平和という神の国のレンズを通して見ておられるのです。「あなたがたは地上に宝を積んでならない。そこでは、虫が食って損なったり、盗人が忍び込んで盗み出したりする。宝は、天に積みなさい。そこでは、虫が食って損なうこともなく、盗人が忍び込んで盗み出すこともない。あなたの宝のあるところに、あなたの心もあるのだ」（マタイ六・一九～二一）。八福と六反対命題を生きる民として、私たちは神と神の国に心を置いて前進して行きます。

## 新しい戒め「まず神の国を求めなさい」

私たちの心と思い、いのちは神と神の国に置かれていますので、私たちは暴力、強欲、戦争の世界における通常の生活のあらゆる側面を断念いたします。私たちは既に神の国にいるかのように生き、イエスの目を通して平和の神と神の国にのみ焦点を当てて、人生を見始めます。ですから、イエスの次の教えが私たちに衝撃を与えることはありません。意味がよく分かるのです。「あなたがたは神と富とに仕えることはできない」。お金に焦点を合わせるなら、神に焦点を合わせることはできません。お金が私たちの第一の目標、文字通り私たちの心の宝、偶像となってしまいます。

ですから、聖フランシスコとドロシー・デイは自発的な貧しさを唱道したのです。二人は祝福の民として神と神の国にのみ焦点を合わせたのであり、それゆえにお金、所有、蓄財、そして強欲を伴う暴力と戦争を放棄しました。イエスは、聖フランシスコやドロシー・デイのように生きるよう、私たちを招いておられます。お金を〝憎む〟よう、貧しくされている人々に分け与えるよう、素朴に暮らすよう、普遍的な愛と同情心を実践するよう、そして私たちの注意と時間とエネルギーを愛と平和の神に集中させるよう、招いてくださっています。もちろん、この二者択一の教えは金銭の偶像崇拝がもたらすあらゆる帰結に対して適用できます。イエスなら次のように言うことができたでしょう。「あなたがたは神と国とに兼ね仕えることはできない。神と戦争とに兼ね仕えることはできない。神と核兵器とに兼ね仕えることはできない。いのちと平和の神と、死と戦争の偽りの神々とに兼ね仕えることはできない。それは、あれかこれか、なのだ」。金に仕えるな、との彼の戒めの中には、まさにこれら二者択一の声明のすべてが見出されるのです。

「だから、言っておく」。イエスは続けられます。「自分の命のことで何を食べようか何を飲もうかと、また体のことで何を着ようかと思い煩うな。命は食べ物よりも大切であり、体は衣服よりも大切ではないか」(マタイ六・二五)。そこでイエスはもう一つの戒めをお与えになります。すなわち、あなたの命、食べ物、飲み物、あるいは着物について思い煩うな、です。あなたがたのことを心配し、最も小さなものをさえ配慮してくださる神を信頼せよ。「空の鳥を見なさい」と彼はお命じになります。「種も蒔かず、刈り入れもせず、倉に納めもしない。だが、あなたがたの天の神は鳥を養ってくださる。まして、あなたがたは、鳥よりも優れた者ではないか」(マタイ六・二六、『聖書協会共同訳』を原著者に従って一部変更)。鳥には食べるだけのものがある。身を寄せるところがある。仲間を連れ、ひなを育てている。イエスはこのように観察しています。創造者は、これら小さな被造物のために豊かに与えておられます。そして、私たちは鳥よりも大切なのですから、創造者は私たち一人ひとりにも豊かにくださるのです。神は私たちの頭髪の一本一本をも数えておられる、とイエスは告げています。神は私たちのあらゆる所作を見ておられます。神は私たち一人ひとりをすべて無条件に、無制限に、猛烈に、惜しげもなく愛してくださいます。私たちは神に属しており、神は私たちを守ってくださいます。これは信仰の挑戦です。そしてイエスは、この信仰は信頼と応答性を要求する、と教えておられるのです。

「あなたがたのうちの誰が、思い煩ったからといって、寿命をわずかでも伸ばすことができようか」(マタイ六・二七)。私たちはあらゆること——私たちの日常的な問題や健康から、戦争や貧困、気象変動といった世界大の危機まで——を思い煩います。何よりも私たちは、死について思い煩います。彼の問いかけに対する答えは「ノー」です。誰も思い煩うことで自分の寿命をほんの僅かでも伸ばすことはできません。だから思い煩うのはやめなさい、とイエスは言われるのです。それは無意味です。まったく役に立ちません。実際、思い煩いは命を悪化させるだけです。その代わり、最も大切なことに集中しなさい。すなわち、神、神の国、貧しくされた人々のための神の義、神の非暴力、神の慈しみと共感の心に集中することです。神に信頼し、神があなたを配慮してくださるようにいたしましょう。神の義と平和の国を追い求めましょう。そうすれば、すべてのことが備えられます。あなたは思い煩いや恐れなく生きる術《すべ》を学び、いのちのふくよかさと死の安らぎを見い出すでしょう。

イエスは問われます。「なぜ、衣服のことで思い煩うのか。野の花がどのように育つのか、よく学びなさい。働きもせず、紡ぎもしない。しかし、言っておく。栄華を極めたソロモンでさえ、この花の一つほどにも着飾ってはいなかった。今日は生えていて、明日は炉に投げ込まれる野の草でさえ、神はこのように装ってくださる。まして、あなたがたはなおさらのことではないか。信仰の薄い者たちよ。だから、あなたがたは、『何を食べようか』『何を飲もうか』『何を着ようか』と言って、思い煩ってはならない。それはみな、異邦人が切に求めているものだ。あなたがたの天の神は、これらのものがみな、あなたがたに必要なことをご存じである。まず神の国と神の義とを求めなさい。そうすれば、これらのものはみな添えて与えられる。だから、明日のことを思い煩ってはならない。明日のことは明日自らが思い煩う。その日の苦労は、その日だけで十分である」（マタイ六・二八〜三四、『聖書協会共同訳』を原著者に従って一部変更）。

**まず神の国と神の義とを求めなさい。そうすれば、これらのものはみな添えて与えられる。**この新しい戒めは第六章のクライマックスです。それは私たちの人生を描き出す新しい道を与えてくれます。その結果、私たちの地上での時間は、神の国と神の義を求めることに用いられ、私たちの短い人生において必要なものすべてが提供されることを知るのです。

友人であるジェームズ・ダグラスはかつて次のように書きました。この戒めは重力の法則のような自然の法則である、と。鉛筆を持っている手を離せば、床の上に落ちることをあなたは知っています。それと同じように、神の国と神の義を懸命に求めるなら、食べ物、着物、住居といった必要なものは叶えられるのです。あなたにはすべてのものが備えられます。そして、人生の終わりに際して、自分の人生は神を求めて、神の国と神の義を求めて過ごしたものであったこと、お金や食べ物、着物、住居を思慮なく無駄に追い求めて人生を浪費しなかったことを喜ぶことでしょう。

四福音書全体を通して、イエスは神の国の到来を告知し、それがどのようなものであるのかを説明しようとしておられます。私たちにみ国のイメージを与えるために、たとえ話をお語りになります。けれども、私たちは愚かな弟子たちと同じく、イエスがおっしゃたことを一言も理解できないでいます。それはからし種だ、と彼は言われます。地引き網、(61)価値ある真珠、パンを焼く女性、婚宴、ブドウ畑だ、とも。ヨハネ福音書では、ピラトの前に立ち、いよいよ告発され、処刑されることになったとき、イエスは神の国についての最も鮮明な説明を与えられます。「私の国は、この世のものではない。もし、この世のものであれば、私をユダヤ人に引き渡さないように、部下が戦ったことだろう。しかし実際は、私の国はこの世のものではない」（ヨハネ一八・三六）。イエスの国とこの世界の国家との違いは**非暴力**です。彼の国は愛に基づく非暴力の新しい世界です。ローマ帝国、アメリカ合衆国、ナチス時代のドイツ、中国、インド、そしてかつて存在したすべての国家が、ただ暴力という原則とその行使の上に立てられています。イエスの神と私たちとの違いは非暴力です。神は非暴力であり、神の国は非暴力に基づいており、神の正義は非暴力を要求します。ガンディーは、山上の説教の研究から次のように結論づけました。「神の国は非暴力**である**」と。私たちは、八福の民、「非暴力のイエスの随員」であることを望む民として、暴力を放棄して非暴力を実践いたします。私たちは、神の国と神の義を求めるにつれて、非暴力を実践して非暴力の運動を立ち上げ、声を上げて非暴力の新しい世界の到来を求めていきます。それはいたってシンプル――かつ難しいものです。

山上の説教は、私たちの個人的目標や私たちの偽りの安全、私たちの利己心や恐れをいったん脇に置くよう要求し、非暴力という神の国を能動的に追い求めて人生を過ごすよう提唱しています。この挑戦を大胆にも引き受けるなら、これが私たちの眼前に置かれた大きな使命となります。世界は暴力と強欲によってあまりにも自己破壊的になっているので、この教えはかつてないほど意味を持ってきています。このテキストを実地試験するよう、皆さんをお招きしたい。何よりもまず神の非暴力の国をそれぞれの人生において追い求め、神がいかに私たちに配慮くださっているか見出し、新しい非暴力の世界の到来を求めて前進しつつある草の根運動に加わってくださるよう、お招きしたいと思います。さもなくば、私たちは人生を浪費し、イエスの知恵を拒んだことを後悔しながら人生を終えることになってしまうでしょう。

## 非暴力という細い道

第七章も教えが続きます。そこでは、イエスの二者択一、すなわち生か死かの挑戦が続きます。「人を裁くな」。イエスは命じられます。「自分の目から梁を取り除きなさい。人の目からおが屑を取り除こうとする前に。求めなさい。そうすれば、与えられる。探しなさい。そうすれば、見つかる。叩きなさい。そうすれば、開かれる。人にしてもらいたいと思うことは何でも、あなたがたは人にしなさい」（マタイ七・五～一二、原著者による）。これらの教えの一つ一つが、私たちに自らの暴力と謙虚さの必要性、あらゆることについての平和の神への信頼と依存という基本的姿勢を思い起こさせてくれます。私たちは自分が必要としているものについて神に依り頼むものであり、他者の一人ひとりに私たちがその人に望んでいる愛と尊厳、平和と正義を差し出すのです。このような生き方は困難ですから、次にイエスは困難さについてお語りになります。

イエスは山上の説教の最後のところでこう語られます。「狭い門から入りなさい。滅びに至る門は大きく、その道も広い。そして、そこから入る者は多い。命に通じる門は狭く、その道も細い。そして、それを見いだす者は少ない」（マタイ七・一三～一四）。

「非暴力という細くまっすぐな道を通ることなくして、この痛み多い世界には希望はない[62]」。第二次世界戦の時代、ガンディーは山上の説教に言及しつつ、こう述べました。今日、戦争や飢餓、テロリズム、死刑執行、拷問、人種差別、性差別、そして核兵器と環境破壊という絶えることのない脅威と共に、私たちは押し合いへし合いしながら死と破壊に向かって進んでいます。イエスが予告したように、この押し合いへし合い状況に抗して進もうとする人はとても少ない。群衆が押してくるのに抗して、いのちと非暴力を目指して逆の方向に進む者はとても少ないのです。私たちのほとんどが、実は全くそうではないのに、自分はまともで正常だと考えながら、この世界の暴力という異常性の中で人生を浪費しています。

流れに抗して生きた偉大な肖像がフランツ・イェーガーシュテッター[63]です。彼はナチスのために戦うことを拒んだ、ほんの一握りのオーストリア人のうちの一人でした。ヒトラーがオーストリアを侵略した後、オーストリアの男のほぼ全員がナチスの軍隊に入ることを熱望し、戦争に出て行ってヒトラーのために殺して廻りました。イェーガーシュテッターは、イエスと彼の山上の説教を思い起こして自ら出頭し、ベルリンの監獄に送られました。そこで審理され、断罪され、断首されました。二〇〇七年一〇月二六日にオーストリアのリンツで執り行われた、イェーガーシュテッターの列福式に出席した私は、狭い扉をくぐって、いのちの細い道を取った彼の勇気ある選択を、彼の妻と娘たちと共に祝いました。実際は死を選択したように見えますが、彼は非暴力であり続けることを選び、銃を手にして死ぬことを拒みました。彼はいのちを選び取ったのであり、今も生き続けています。

獄中、フランツは人間が満載の列車の夢を見ました。数百万の人々がこの列車に乗ろうとしていました。そのとき、一つの声が響きました。「この列車は地獄行き！」フランツは人々が乗り込まないよう試みましたが、誰もが彼を押しのけて飛び乗ってしまいました。目が覚めたとき、その列車はナチス・ドイツなのだと悟りました。しかし今日、私たちはその列車のことを、死と破壊のナショナリズム、イデオロギーの霊と呼ぶことができるでしょう。その霊は暴力と戦争という異常性をまとい、大義を装って私たち全員に取り憑き、これこそがなしうる最大の責務である、神と国に対する最も偉大な奉仕である、生きて進むべき最良の道である、と私たちをかどわかしています。

私たちはいつでもナチスの異常性と大量虐殺について議論することができます。ナチズムに非暴力でもって抵抗した勇気ある人々について、個人であれグループ、あるいは国家（ノルウェー、デンマーク、ブルガリア）であれ、学ぶことができます。けれども、今日の現実的問いは、九・一一やアルカイダ、ＩＳＩＳ、核兵器、破局的気象変動、そして暴力というエピデミックに照らして、イエスの教えは私たちにどのように影響を与えるか、です。私たちはＩＳＩＳの暴力について の国のプロパガンダに従うことができます。ＩＳＩＳはシリアで罪のない数千もの人々の首をはねました。ですから、暴力による報復は必要であると結論づけて、私たち自身がイラクで二〇〇万もの人々を殺したことを忘れることができます。ベトナムでも二〇〇万、アフガニスタン、リビア、イエメン、シリア、コロンビア、エルサルバドル、ニカラグア、グアテマラの数十万の人々のことも。私たちも戦争の正当化に囚われうるのです。けれども、私たちは大胆にもイエスのことをその言葉のままに受け取って、たとえ何があろうとも彼の非暴力の細い道を歩こうとしているでしょうか。私にとっては、これこそが今日直面する現実的問いです。

ガンディーが説明したように、福音的非暴力は手段と結果についての問いにたどり着きます。私たちはそのところで、手段は結果であることを見出します。すなわち、人間を殺すのは間違っていることを示すためには、人間を殺した者たちを殺すことはできない。暴力が暴力を終わらせることはできない。戦争が平和をもたらすことは決してない。そして人間を殺す者を殺すことはただ殺人という異常を継続させるだけである。そのように見出すのです。非暴力という細い道は、私たちは決して殺さないということを主張します。つまり、私たちは殺すことを止めさせようと努めるのです。そして誰一人として再び殺されることのない世界を求めて力を尽くすのです。

暴力や不正義、戦争を支持する宗教指導者、非暴力に賛同しない宗教指導者を避けるよう説いて、イエスは教えを閉じられます。他の人々の行いがもたらす実に気づくよう、私たちを教えられます。その人の人生が平和と正義、共感、そして非暴力という良い実を結んでいるなら、その人は本当に非暴力の民です。羊のなりをして現れ、その下には飢えた狼が隠れているといった、偽りの預言者に気をつけよ、と教えておられます。「あなたがたは、その実で彼らを見分ける」と言われます。暴力、戦争、あるいは死を支持する者は、聖職者であれ、司祭であれ、司教であれ、避けなさい。その人たちは飢えた狼以外の何者でもありません。その人たちは、戦争と破壊に至る広い道を選び取る、死の文化と一体化してしまっているのです。

非暴力の細い道を歩きなさい。そして必要であれば、一人でも行きなさい。

## 教えに従って行動せよ！

「私に向かって、『主よ、主よ』と言う者が皆、天の国に入るわけではない。天におられる私の神の御心を行う者が入るのである。その日には、大勢の者が私に、『主よ、主よ、私たちは御名によって預言し、御名によって悪霊を追い出し、御名によって奇跡をたくさん行ったではありませんか』と言うであろう。その時、私は彼らにこう宣告しよう。『あなたがたのことは全然知らない。悪を行う者、私から離れ去れ』」（マタイ七・二一〜二三、『聖書協会共同訳』を原著者に従って一部変更）。

終結部の鍵語が最後のところに認められます。「悪を行う者」です。私たちが悪を行う者であるならば、つまり私たちが戦争屋であり、不正を求める者であり、人種差別者、性差別者、金を貯め込む者、核兵器製造者、あるいは暴力の擁護者であるならば、神と共に平和に暮らすことはできません。悪を行う者は誰も、非暴力のイエス、あるいは平和の神のみ前に住むことはできないのです。私たちが非暴力のイエスと平和の神と共にあること――それは追い求めるに価するただ一つの目標です！――を望むのなら、悪を退け、善を行わなければなりません。

イエスは、人々がなお暴力を振るいながら、帝国の暴力と支配を支持しながらも善を行おうとすること、そしてイエスの名において大善さえ行おうとすることを予見できました。私たちは自分が善を行っている――イエスの名において預言し、悪霊を追い出し、力強いわざを起こっている――と感じがちですが、暴力を振るい、帝国の暴力と不正義を支持しているとすればイエスに言わせれば、依然として悪を行う者なのです。イエスの仲間であることはありえず、彼の非暴力の国にいることもありえません。

その日には、彼は私たちを知ることは一度もなかったと告知するでしょう。イエスのように不動の非暴力を実践する者だけが彼に知っていただけるのです。彼は私たちと交流しながら生きることを望んでおられますが、それは彼と共に非暴力という細い道を歩いてはじめて可能となります。イエスの非暴力の道を実践するならば、私たちは彼がそうであったように、信頼と希望を神に置くようになるでしょう。なぜなら、武器やお金を信頼することはできないからです。

拙著 *Mohandas Gandhi: Essential Writings*（『モハンダス・ガンディー選集』(64)）の出版のためにマハー

トマー・ガンディーの全集を読んでいたとき、彼が一つの聖句を常に引用していたことを発見して驚いたことがあります。それがこの聖句、山上の説教の終結部の言葉です。ロンドンと南アフリカでの初期の時代から、ガンディーはボーン・アゲイン・クリスチャンたちからバプテスマを受けるよう請われ、悩まされました。けれども、彼は大多数のキリスト教徒の暴力と強欲を見て呆気にとられました。彼は一人の友人キリスト者にこう書き送っています。「私はあなたのキリストが好きですが、あなたのキリスト教徒たちは好きではありません。その人々はあなたのキリストのようではまったくないからです[65]」。五〇年以上にわたってガンディーは、キリスト教徒の友人たちに宛てた何十もの手紙の中で、この聖句を引用しながらこう書き送っています。「なぜキリスト教徒は『主よ、主よ』と言って廻るだけで、イエスのみ心を行わないのか」。彼は問います。「なぜ、キリスト教徒は山上の説教に従わず、戦争を拒んで非暴力を実践し、敵を愛さないのか。『主よ、主よ』と言うよりも、それらを行うことこそイエスが求めておられることではないか[66]」。ガンディーは、イエスが求めたことを行おうと努めました。どんな小さな暴力をも放棄し、非暴力という細い道を歩み、神の非暴力の国をまず求めました。ガンディーは「主よ、主よ」と叫ぶ大多数のキリスト教徒とは異なって、イエスによって「知られていた」と結論づけることができる、と私は考えています。

イエスに知っていただきたいと願うのであれば、ただ教会に行き、自分たちのことをクリスチャンと呼ぶだけではだめでしょう。暴力、戦争、人種差別、悪行を止《とど》め、非暴力と普遍的な愛を実践し、平和と非暴力の神の国を求めなければなりません。私たちは、たとえ誰もが私たちを拒絶したとしても、孤独で無視され、ときには嘲笑される非暴力の細い道を、いのちに向かって歩いて行かなければならないのです。

この終結部のたとえの中で、イエスはこう述べておられます。「そこで、私のこれらの言葉を聞いて行う者は皆、岩の上に自分の家を建てた賢い人に似ている。雨が降り、川が溢れ、風が吹いてその家を襲っても、倒れなかった。岩を土台としていたからである。私のこれらの言葉を聞いても行わない者は皆、砂の上に自分の家を建てた愚かな人に似ている。雨が降り、川が溢れ、風が吹いてその家に打ちつけると、倒れて、その倒れ方がひどかった」（マタイ七・二四〜二七）。

これが山上の説教の最後の言葉です。したがって、このたとえこそがすべてのたとえの中で最も重要なものである、と私は考えています。イエスが次のようには言っておられないことにご留意ください。「これらの言葉を行う者は誰でも雨や洪水、暴風に苦しむことはない」。いずれの場合も、人は災害をもたらす暴風に打たれるのです。雨が降り、洪水が襲い、強風が吹きつけ、どの家も揺さぶられるでしょう。このことは私たち全員に起こるのです。イエスにとっては、問題は人生において嵐に襲われるか否かではありません。問題は世界の暴力、破壊的な嵐に抗することができるかどうかなのです。嵐の時代に生き残ることのできる唯一の道は、山上の説教を実践することによってです。それらを実地試験すること、それらを行動に移すこと、それらを生活の基盤となすことによってです。このことを行うのであれば、それは固い岩の上に人生の家を建てたことになり、私たちの家が倒壊することはない、とイエスは約束してくださっています。

誰もが神のみ言葉を聞くのだ、とイエスは宣言しておられます。神が愛と共感のこころ、ゆるし、奉仕、正義、武装放棄、祈り、そして平和を求めておられることを、誰もが心の奥深くで知っています。鍵はその教えを行うか否かです。私たちの生存はまさに、山上の説教を行動することにかかっている。イエスはそう告知しておられるのです。

イエスの八福の教えと山上の説教の教えは、追い求めるに価するただ一つの教えです。それらは世界大の暴力からの脱出口を私たちに示しています。私たちが八福と山上の説教に従って生きるならば、福音的非暴力という堅固な岩の上に人生を建てるならば、そして非暴力のイエスに懸命につかまっているならば、私たちはただ生き延びる以上のことをなすでしょう。私たちはイエスに知っていただき、神の非暴力の国に迎え入れられて、溢れるばかりの祝福を受けることでしょう。

# 第13章　立ち上がって前進せよ！

比較的最近、一人のフランス人聖書研究者が、私たちが数百年にわたって用いてきた八福の翻訳「幸いである（祝福されている）」は間違っている！と著しました。マタイの福音書はギリシア語で書かれていますが、イエスご自身はアラム語を話されました。研究者たちが八福の教えと主の祈りをいったんアラム語に戻して、それからまた英語に翻訳して見出したのは、これらの教えをまったく新しいレベルに引き上げるものでした。

「祝福されている」という受け身の含意ではなく、より正確な翻訳は「立ち上がって前進せよ！」だというのです。[67] これはすべてを変えます。

イエス、あるいは彼の八福の教えには受け身のところはまったくありません。彼は、立ち上がって行動し、気合を入れて平和、正義、非暴力という彼の宣教を担い続けるよう、弟子たちに命じられました。命令形です。それらアラム語には「復活」「歩むこと」そして「弟子としての信従」を意味する語群が含まれています。イエスが力弱い民衆を動かすときによく用いる励ましの言葉です。

こうした命令形と共に、イエスは神の非暴力の国の到来を告げ知らせるために、ガリラヤの抑圧された小作農から成る寄せ集めの弟子たちを、狼の中に非暴力の子羊を送るようにローマ帝国の中へと派遣なさるのです。これこそ、私たちが四福音書を通して読み取ってきた、イエスのダイナミックで力強い響きと同じ質のものです。

**起きよ！　立ち上がれ！　前進せよ！**　イエスは信従する者たちに告げられます。「もう絶望するな。恐れるな。へたるな。恐れ知らずであれ。復活を実践し始めよ。あなたがたは神の力を思いのまま得ているのだ。今このときを神の非暴力の国で生きよ。立ち上がって、創造的非暴力の民として暴力の世界の中へと進み行き、神の非暴力の国の到来を告知せよ！」

今より後、私たちは八福の教えを以下に示すように聞いたり読んだりすべきでしょう。

立ち上がって前進せよ、貧しい者たち、心の貧しい者たち、抑圧されている者たち、力を持たない者たち。神の国はあなたがたのものである！　歩き続けよ。貧しさや力のなさに挫けてはならない。

立ち上がって前進せよ、悲しんでいる者たち。あなたがたは慰められるだろう！　歩き続けよ。嘆き悲しめ。だが、団結し続けよ。正義を求め、平和を作り続けよう。

立ち上がって前進せよ、非暴力で柔和で心優しき者たち。あなたがたは地を受け継ぐだろう！　歩き続けよ。この世界の暴力に圧倒されてはならない。創造的非暴力を実践し、創造世界と一つとなろう。

立ち上がって前進せよ、義に飢え渇く者たち。あなたがたは満たされるだろう！　歩き続けよ。正義を求めるたたかいを諦めてはならない。

立ち上がって前進せよ、憐れみ深い者たち。あなたがたは憐みを受けるだろう！　歩き続けよ。憐みを欠く世界にあって憐みの器であれ。憐れみ深すぎるなどということはない。同情心に溢れすぎる、ゆるしすぎるということはないのだ。あなたがたは神の憐れみを体験するだろう。

立ち上がって前進せよ、心の清い者たち。あなたがたは平和と愛の神を見るだろう！　歩き続けよ。神にあなたがたの心を武装解除させよ。内的非暴力を育もう。平和と愛の神があなたがたの中に住んでくださるよう、場所を用意しよう。あなたがたは誰であっても自分の兄弟姉妹とみなし、あらゆる場所に神を見るだろう。あらゆる事象の中に神を見出すだろう。

立ち上がって前進せよ、平和を作り出す者たち！　あなたがたは平和の神の息子・娘と呼ばれるだろう！　歩き続けよ。他の皆が戦争や殺人、核兵器、そしてあらゆる種類の暴力を支持しているとしても。諦めるな。平和を作り出そう。戦争を終わらせよう。非暴力を伝えよう。平和運動を起こそう。戦争なき新しい世界について語りかけよう。すべての人と和解しよう。そして平和という復活の賜物を迎え入れよう。平和の神に愛されている息子と娘でいよう！　あなたがたは既にそのような存在なのだ。

立ち上がって前進せよ、正義を要求したことで迫害されている者たち！　神の国はあなたがたのものである！　歩き続けよ。諦めてはならない。たとえ、他の人々があなたがたを拒絶し、攻撃し、非難し、背を向けたとしても。あなたがたはまことに私の弟子なのだ！　なぜなら、私もまた正義のために働いたがゆえに迫害を受けたのだから。私もまた拒絶され、攻撃され、逮捕され、糾弾され、拷問を受け、処刑された。不正義と永続的戦争の世界にあって、正義と平和のために働く者は誰であれ迫害を受けるのだ。それでも、傷つける者をゆるし、迫害者のために祈り、その者たちを神の非暴力の愛の国に迎え入れてくださる平和の神に信頼しながら、平和と愛、非暴力の精神において進み続けよ。

立ち上がって前進せよ、私のゆえに侮辱され迫害され中傷されている者たちよ！　喜べ、大いに喜べ！　あなたがたの報いは天においては大きいのだから。歩み続けよ。あなたがたは聖なる古の預言者たち、イザヤ、エレミヤ、エゼキエル、そしてその他の預言者たちの系譜に連なっているのだから。今やあなたがたは同時代の聖なる預言者たちのうちの一人となった。マハートマー・ガンディー、ドロシー・デイ、マーティン・ルーサー・キング・Jr、ローザ・パークス、オスカル・ロメロ、フランツ・イェーガーシュテッター、そしてシーザー・チャベスといった平和の作り手の系譜に連なっているのだ。平和を作り、敵を愛し、神を信頼するときが来た。さあ、非暴力を実践して、私の弟子であるとはどういうことか皆に示していこう。あなたがたの愛による非暴力を通して、私の聖霊は他の人々の武装を解き、世界の武装放棄を助けるだろう。

## 立ち上がって前進せよ！

この刺激的な新訳と共に、八福の教えと山上の説教にもう一度聞くよう、皆さんを招きたいと思います。イエスの説示を受けて、立ち上がって前進し、全身全霊で神の非暴力の国を追い求めるよう、招きたいと思います。そのことをなすとき、私たちは召命を果たし、普遍的な愛と平和の神の息子・娘となるのです。私たちは既にそのようにされています。

# 結論

ここまで私たちは八福の教えを読み通してきました。そして、山上の説教をめぐって祈ってきました。今ではこれら美しい教えを、「立ち上がって前進せよ!」との招きとして聞くものです。これらの教えに留まり、これらを携えて前進し、実践に移すとき、すべてを働かせているのは自分ではなく、神であることを大きな驚きと共に見出すものです。

イエスの八福の教えによれば、神が主導してくださいます。神がこれらの祝福のすべてをくださるのです。立ち上がって前進するよう、神が私たちに呼びかけておられます。私たちを取り巻く希望のなさと暴力にもかかわらず、神が力づけてくださいます。神が神の国をくださるのです。神が私たちを慰めてくださいます。神が大地を嗣業としてくださいます。神が正義を求める私たちの願いを満たしてくださいます。神が慈愛を授けてくださいます。神がみ顔を示してくださいます。神が私たちを神の息子・娘と呼んでくださるのです。神が私たちに喜びをくださいます。神が天におけるいのちの豊かさを与えてくださいます。神が大きなご褒美を約束してくださるのです。神がすべての働きをなさるのですが、私たちにこう語りかけてくださいます。「あなたがたは世の光である」と。何という祝福でしょうか！　私たちは自分がすべてを動かしていると考えがちですが、私たちの益となるようすべてを動かし、すべての動きをなしておられるのは神です。

ガンディーは正しかったと思います。八福の教えと山上の説教は、人類史上最も偉大な平和と非暴力の教えです。それらは、私たちが全力で学び、注視し、実践する価値のあるものです。私たちはあらゆる場所にいるキリスト者を、八福と山上の説教を心に刻むよう招くものです。私たちは一緒になって、これらの教えを人生の中心に置いて、残る生涯、この教えを生き通したいと思います。その道程にあって八福の民とされるとき、私たちは教会が八福の教えを取り戻して、山上の説教の教会、誰もが平和の八福を生きる教会となるよう、お手伝いすることでしょう。

残る生涯、八福の教えと山上の説教を宣べ伝え、奨励する働きに加わってくださるよう、皆さんお一人お一人をお招きしたいと思います。これこそ、世界が聞くべきメッセージ、私たちがエネルギーを注いで専心するに価するメッセージです。八福の教えと山上の説教と共に、イエスは非暴力の道、愛と真理と正義と平和の路を示してくださっています。私たちが彼の教えを生き通して、それを教会に取り戻させ、世界に向かって高く掲げるならば、私たちは世界がより正義に満ち、より平和で、より非暴力になるよう、手助けできるでしょう。

私たちの八福の教師、告知者としての職務内容は、立ち上がって、非暴力のイエスの足跡をたどり前進すること、彼のようになること——霊において貧しく、弱く、マインドフルであり、柔和で優しく、正義に飢え渇き、憐れみ深く、心清く、平和を作る者であり、正義と平和のために喜んで迫害されること——です。ガンディーのように、私たちは山上の説教全体を歩き通し、これらの教え——「悪を行う者に暴力で対抗してはならない」「あなたがたの敵を愛しなさい」「神のように共感的でありなさい」「何よりもまず、神の国と神の正義を求めなさい」「狭い門から入りなさい」——を生き抜くことができます。ガンディーのように、これらの教えを人生の前方および中心に掲げて、正義と平和という新しい未来を求めて生き通すことができるのです。

八福の教えと山上の説教の民として、今より後、神の国を追い求めてまいりましょう。すなわち、戦争、貧困、人種差別、性差別、核兵器、そして環境破壊の廃絶のために働いてまいりましょう。すべての人間と被造物のための非暴力を、正義と平和の新しい世界の到来を目指して働いてまいりましょう。イエスの非暴力を実践し、他の人たちが非暴力となれるよう、努めてまいりましょう。そうすることで、私たちは一緒になって非暴力の新しい世界を迎え入れるのです。

八福の民として、平和の作り手として、戦争文化の中へと歩み出してまいりましょう。そして、そうであるようにと造られた姿、すなわち神の愛する平和の息子・娘となりましょう。

最後に共に祈って終わります。

平和の神よ、イエスの八福の教えと山上の説教に従って生きていくことができますよう、私たちをお助けください。お金や所有物、プライド、そして特権を手放すことができますよう、弱く貧しい者となって、あなたに身を委ねることができますよう、心の貧しさを受け入れてあなたに依り頼む者でありますよう、お恵みください。そうすれば、私は常にあなたを求め、あなたの平和の国に生きるでしょう。

すべての人間への共感のうちに成長する中にあって、私を祝してください。そうすれば、私は誰に対しても、とりわけ貧しくされている人たち、抑圧されている人たち、嘆き悲しみの中にある人たちに共感し、その人たちを愛するようになるでしょう。毎年、何百万もの方々が戦争や貧困、不公平な病いのために苦しんで亡くなっています。その方々のために嘆き悲しむ者としてください。私たちが壊している全被造物のために、そしてこの地そのもののために嘆き悲しむ者としてください。あなたが私たちすべてを慰めてくださることを、私は存じております。

神よ、私を祝してください。そうすれば、暴力的で傲慢でプライド高くなくなり、支配システムの一員でなくなるでしょう。そうではなく、あなたの聖人たちのように柔和で優しく、非暴力的で、謙虚な者となりますよう、お助け下さい。そうすれば、私は創造世界と一体となり、平和の場としての地を受け継ぐことでしょう。

私の人生の日々を正義に飢え渇くよう、祝してください。そうすれば、構造的不正義に抗し、数十億の人々を貧しさと飢え、病いや投獄、そして戦争の中に置き去りにする体制に抵抗することができるでしょう。世界の貧しくされ抑圧されている人々のための、あなたの正義のたたかいに人生を捧げることで得られる喜びをお与えください。

私を祝してください。そうすれば、とりわけあなたの憐れみなど価値はないと考える文化に対して、常に憐れみを示すことができるでしょう。憐れみを抑制することがありませんよう、お助けください。そうではなく、誰にでも慈しみを示すことができますよう、窮地にある人がそこから脱出できるよう協力できますよう、そして誰に対しても共感と尊敬の念を示すことができるよう、私をお助けください。そのようにして、あなたは憐れみを示してくださることを存じております。

心の清さでもって、内的平和と聖性という賜物でもって私を祝してください。そうすれば、私の内側から出て来るものはすべて平和的で愛に満ち、聖なるものとなるでしょう。私の心を清くしてください。私の心の武装を解いてください。私の心をあなたの霊で満たしてください。イエスのような非暴力的で聖なる心をお与えください。そうすれば、私は至る所に、とりわけすべての人間の内側にあなたを見出すことでしょう。

あなたの平和の作り手となるよう、祝してください。暴力と戦争を拒絶できますよう、戦争の文化に協力することのないよう、戦争に抵抗することができますよう、戦争の廃絶のためのあなたの運動に仕えることができますよう、お助けください。非暴力による紛争解決を教えることができますよう、あらゆる所で平和を作り出すことができますよう、お助けくださ い。そうすれば、真にあなたの愛する息子・娘となることでしょう。

私が正義と平和の働きのゆえに拒絶され、迫害されるとき、祝してください。そうすれば、報復することなく、却って愛と同情心をもって応じることができるでしょう。正義と平和の預言者の系譜に連なることを喜び、大いに喜ぶことができますよう、お助けください。

立ち上がってイエスの非暴力の足跡を前進することができますよう、お恵みください。イエスの八福の教えと山上の説教を生き抜き、他の人々を手助けして、同じように生きることができますよう、お恵みください。そうすれば、私たちは皆で手を携えてあなたの愛する息子・娘となり、あなたの聖なる平和の作り手となることでしょう。アーメン。

# 注

（1）〔訳注〕The Beatitudes の翻訳については、キリスト教各教派で異なっている。カトリック教会では「真福八端」日本ハリストス教会では「真福九端」プロテスタント各派では「八福の教え」「至福の教え」などと様々である。著者ディアはカトリック司祭ではあるが、ここでは基本的には「八福の教え」とさせていただき、場合によっては「八福」とも表記させていただく。

（2）〔訳注〕エルサレムにある Sabeel Ecumenical Liberation Theology Center が一九九〇年から開催してきたカンファレンスで、二〇〇八年は第七回であった。Sabeel Ecumenical Liberation Theology Center は、パレスチナの聖公会司祭ナイム・アティーク牧師によって一九八九年に設立された、解放の神学および実践のためのエキュメニカルなセンターであり、パレスチナのキリスト者の信仰を深め、民衆間の一致を促進し、正義と平和を求める活動を行うことを目的としている。北米・ヨーロッパを中心に姉妹団体を有し、セミナーや現場研修、出版事業などを行っている。なお、「サビール」とはアラビア語で「道」という意味である。公式サイトは https://sabeel.org/

（3）〔訳注〕Arun Manilal Gandhi（一九三四〜）南アフリカ生まれの社会・平和活動者。一九四六年から四八年までインド・マハーラーシュトラ州ワルダー近郊のセバグラム・アシュラムで祖父マハートマーと生活する。一九八七年にアメリカに渡り、いくつかの大学で研究生活を送り、その後、テネシー州メンフィスに「M・K・ガンディー非暴力研究所」を設立する。同研究所は二〇〇七年にニューヨーク州のロチェスター大学に移転した。

（4）〔原注〕Robert Ellsberg, *Gandhi on Christianity*, Maryknoll: Orbis Books, 1991, p. 5. 初出は『私にとっての宗教』竹内啓二他訳、新評論、一九九一年、三二頁。『ガンジー自伝』蝋山芳郎訳、中公文庫、九〇頁をも参照。

（5）〔原注〕Op. cit., p. 21.

（6）〔原注〕Op. cit., p. 22. 以上の初出は *Young India*, 一九三一年一二月三一日号である。

（7）〔原注〕Op. cit., p. 12. 初出は Millie Graham Polak, *Mr Gandhi: The Man*, London: G. Allen & Unwin, 1931, p.40.

（8）〔訳注〕Mairead Corrigan Maguire（一九四四〜）連合王国の北アイルランド、ベルファスト出身の平和活動者。北アイルランド問題の平和的解決に取り組む組織 Community of Peace People をベティ・ウィリアムズ（Betty Williams、一九四三〜）と共に創設。北アイルランドの平和運動への貢献により一九七六年度のノーベル平和賞を受賞した。その後、パレスチナ和平にも取り組んでいる。

（9）〔訳注〕Shane Claiborne（一九七五〜）アメリカ、テネシー州生まれのキリスト教平和活動者、著述者。カルカッタでマザー・テレサのもとで活動後、ペンシルベニア州フィラデルフィアにNPO The Simple Way を共同創設する。主に都市部の貧困地域で共同生活を送りながら支援活動を行う、特定の教派・教条にとらわれない「New Monasticism（新しい修道生活）」運動の中心メンバーとして、ホームレス支援や死刑廃止、銃規制、イラクとアフガニスタンでの戦争反対など、非暴力による平和活動を行っている。

（10）〔訳注〕*Collected Works of Mahatma Gandhi*, vol. 96, p. 311. 一九四七年八月。https://www.gandhiashramsevagram.org/gandhi-literature/mahatma-gandhi-collected-works-volume-96.pdf この言葉の前には次のようにある。「あなたがたに護符を進ぜよう。疑いを抱くときにはいつも、あるいは自我が手に余るときには、次の検査を試すがよい」。

（11）〔訳注〕ピンクニー牧師はまた、サウスカロライナ州上院議員でもあった。九人の犠牲者のうち、ここで名前が挙がっていない人々を追悼したい。聖書研究会のメンバーでジャクソンの親戚であったタイワンザ・サンダース、アウェンダウにあるグレイター・ザイオンAME教会の牧師ダニエル・シモンズ、聖書研究会教師のマイラ・トンプソン、そして牧師であり南ウェスレアン大学の入学コーディネーターのドペイン・ミドルトン＝ドクターである。これらの人々を記念して、「チャールストン・ナイン」「エマニュエル・ナイン」と呼ぶことがある。「エマニュエル・ナイン」についての言及としては、ジェームズ・H・コーン『誰にも言わないと言ったけれど』榎本空訳、新教出版社、二〇二〇年、二一〇〜二一一頁がある。

（12）〔訳注〕二〇二〇年五月二五日午後七時五〇分過ぎ、ミネソタ州ミネアポリスの雑貨店で偽二〇ドル紙幣を使用した嫌疑で、ジョージ・フロイド（George Perry Floyd Jr. 一九七三年一〇月一四日生まれ）が警察官らに逮捕された際、白人警官デレク・ショービンがフロイドの後頸部を左膝頭で押さえつけ、八分四六秒にわたって呼吸できなくして（チョークホールドと呼ばれ、被疑者が激しく抵抗する場合を除いて違法な逮捕術）死に至らしめた。現場にいた市民たちが止めさせようと声を上げたが、他の警察官はそれを制止して、ショービンに加担した。また、彼らはフロイドを蘇生させる処置も何も取らなかった。事件の翌日から全米および世界各地に抗議活動が広がり、白人警察官によるアフリカ系市民に対する暴力のみならず、組織的、構造的人種差別そのものに対する抗議と新しい社会への変革を求める声が高まっていることは記憶に新しい。

（13）〔訳注〕creation をこう訳した。本書の関連書と言ってもよい、『回勅　ラウダート・シ　ともに暮らす家を大切に』（瀬元正之、吉川まみ訳、カトリック中央協議会、二〇一六年）では「被造界」としている。

（14）〔訳注〕Joe Hill（一八七九～一九一五。幼年名 Joel Emmanuel Hägglund、別名 Joseph Hillström）スウェーデン出身のアメリカの労働運動者、ソングライター。一九一〇年ころ、世界産業労働組合（ＩＷＷ）に加入し、その時代にポピュラーであった歌のメロディーに乗せた労働歌やプロテスト・ソングをもってオルグ活動を展開した。後年、殺人事件の嫌疑を受け、有罪となり処刑されたが、えん罪であったとの見方が有力となっている。

（15）〔訳注〕Daniel Joseph Berrigan（一九二一～二〇一六）アメリカ、ミネソタ州出身のカトリック司祭（イエズス会）、詩人、平和活動者。一九五七年にシラキュース大学新約学教授、コーネル大学を経て一九六七年よりウッドストック・カレッジで教えた。一九六五年にリチャード・ジョン・ニューハウス牧師、ラビ・アブラハム・ヘシェルらと「ベトナム戦争に憂慮する教職者と信徒の会（ＣＡＬＣＡＶ）」を結成して、ベトナム戦争に反対する活動を展開した。彼を有名にしたのは、一九六八年の「ケイトンズビルの九人」である。一九八〇年、ダニエルは弟フィリップとその他六人（「プラウシェアーズの八人」）と共に「鋤運動（Plowshares Movement）」を開始して、核兵器基地や製造工場に入って行き、ミサイルを叩いたり血をかけたりなどの預言者的象徴行動を行った。一九八〇年代のラテン・アメリカ、一九九〇年代の湾岸戦争、旧ユーゴスラビアでの戦争、二〇〇〇年代以降のアフガニスタン、イラクでの戦争に一貫して反対し、市民的不服従行動を行った。また、ＨＩＶ患者の司牧活動にも尽力した。邦訳書に『ケイトンズヴィル事件の九人』（有吉佐和子、エリザベス・ミラー共訳、新潮社、一九七二年）がある。

（16）〔訳注〕*Thomas Merton, Peacemaker: Meditations on Merton, Peacemaking, and the Spiritual Life*, Maryknoll: Orbis Books, 2015.

（17）〔訳注〕トマス・マートンの第三福「柔和な人々は幸いである」に関するエッセイとしては、「柔和な人は幸い――非暴力のキリスト教的起源」（『平和への情熱　トマス・マートンの平和論』木鎌安雄訳、女子パウロ会、二〇〇二年、一一二〜一三七頁）がある。

（18）〔訳注〕『回勅　ラウダート・シ　ともに暮らす家を大切に』瀬元正之、吉川まみ訳、カトリック中央協議会、二〇一六年、一七三頁。一部字句を変更した。

（19）〔訳注〕Brady Campaign は、アメリカ合衆国の銃による暴力の防止および銃規制団体である。ブラディの前身は一九七四年設立の National Council to Control Handguns であり、一九八一年のレーガン大統領暗殺未遂事件で被弾し障がいを負ったジェームズ・「ジム」・ブラディとその妻サラが加入して精力的に活動を行ったことを記念して、二〇〇一年に現在の名称に変更された。公式ホームページは

https://www.bradyunited.org/

(20) 〔訳注〕キング牧師の「バーミングハムの獄中からの手紙」（一九六三年）から。この手紙の全文は、キング『黒人はなぜ待てないか』中島和子、古川博己訳、みすず書房、一九六六年、九二〜一一八頁にある。訳語は、梶原寿『み足の跡をしたいて キング牧師における信仰のかたち』新教出版社、二〇〇〇年、六七頁からいただいた。同『約束の地をめざして M・L・キングと公民権運動』新教出版社、一九八九年、一二四頁をも見よ。

(21) 〔訳注〕アフガニスタンのパルヴァーン州バグラームにある飛行場を指す。アメリカ軍による接収が継続されていて、アフガニスタンにおける最大規模のアメリカ軍基地である。この空軍基地内に、テロ容疑者の収容所が設置されている。

(22) 〔訳注〕これは一九六五年三月二五日に「セルマ行進」の終結演説にて語られた言葉である。『私には夢がある M・L・キング説教・講演集』梶原寿監訳、二〇〇三年、新教出版社、一五〇頁。

(23) 〔訳注〕日本では二〇〇〇年以降、二〇一九年一二月二六日までに九四人が処刑されている（二〇二〇年は執行がなかった）。法務省は、かつては死刑執行の事実も公表していなかったが、一九九八年一〇月に中村正三郎法務大臣が指示して執行の事実と人数の公表が始まった。

(24) 〔訳注〕イノセンス・プロジェクト（The Innocence Project）は、一九九二年にニューヨークのカードーゾ法科大学院のピーター・ニューフェルトとバリー・シェックによって設立された。DNA鑑定を通して誤審によって有罪とされた人々の無実を証明し、将来の誤審を防ぐために刑事裁判の改革を目的としている。公式ホームページは https://www.innocenceproject.org/

(25)〔訳注〕Helen Prejean(一九三九〜)アメリカ、ルイジアナ州生まれのカトリック修道者(聖ヨゼフ会CSJ)、死刑廃止運動の中心的推進者。一九七三年、カナダ・オタワの聖パウロ大学で宗教教育の修士号を取得後、自身の修道会や中学・高校で教育に携わる。一九八二年、死刑囚のパトリック・ソニアーと文通を始め、二年後の処刑時に立ち会う。それ以来、他の死刑囚の「霊的アドバイザー」として司牧活動を行う。そうした経験を踏まえて『デッドマン・ウォーキング』(中神由紀子訳、徳間書店、一九九六年)を著し、ベストセラーとなる。本書は一九九五年に映画化され、アカデミー賞主演女優賞を受賞した。(監督・脚本:ティム・ロビンズ、主演:スーザン・サランドン、ショーン・ペン)死刑囚およびその家族、また被害者のカウンセリングを継続させると共に、死刑廃止を広く訴えている。公式ホームページは https://www.sisterhelen.org/

(26)〔訳注〕二〇二〇年一二月三一日現在も維持されている。

(27)〔訳注〕Dorothy Day(一八八七〜一九八〇)アメリカ、ニューヨーク市生まれのジャーナリスト、社会・平和活動者。カトリック労働者運動の中核を担い、一九三三年に The Catholic Worker を共同創刊し、労働者の権利を擁護すると共に、後に「正戦論」に反対する平和主義を掲げた。また、ニューヨークに House of Hospitality を設立して、民衆のニーズに応える「ハウス」(単なるシェルターではなく)を提供し、こうしたハウスは全米に広がった。彼女の生涯と霊性については、木鎌安雄『アメリカのカトリック』(聖母文庫、二〇〇〇年)を見よ。

(28)〔訳注〕公式ホームページは https://www.jubileepartners.org/

(29)〔訳注〕『ヨナのしるし トマス・マートンの日記』五百旗頭明子、伊東和子訳、女子パウロ会、二〇〇一年、三九〇頁。この表現が出るフレーズは次のようになっている。「神の声が楽園で聞こえる。……『わたしの子、ヨナよ？　慈悲の中の慈悲の中の慈悲において。わたしは限りなく罪をゆるした』」（訳文を一部変更）。

（30）〔訳注〕『ガンジー自伝』は「神にまみえる」としている。（蠟山芳郎訳、中公文庫、一九八三年、一五頁。）創世記三二・三一、出エジプト記三三・一一、民数記一四・一四、申命記五・四、三四・一〇参照。

（31）〔訳注〕ペマ・チュードゥン『すべてがうまくいかないとき　チベット密教からのアドバイス』ハーディング祥子訳、めるくまーる、二〇〇四年。

（32）〔訳注〕ペマ・チョドロン『チベットの生きる魔法――苦しみも怒りも「喜び」に変えて心安らかに暮らす知恵』えのめ有実子訳、はまの出版、二〇〇二年。

（33）〔原注〕*Pema Chodron, Living Beautifully*, Boston: Shambala, 2012, pp. 51-52.

（34）〔原注〕Chodron, p.53.

（35）〔訳注〕『ゴッドハズアドリーム　希望のビジョンで今を生きる』和泉圭亮、利子、裕子訳、竹書房、二〇〇五年、一三頁（一部、訳文を変更）。

（36）〔訳注〕ロバート・マッカーフィー・ブラウン『意外な知らせ――第三世界の目で聖書を読む』山下慶親、栗林輝夫訳、日本基督教団出版局、一九八九年、一九頁。『ゴッドハズアドリーム』八〇頁にも同様の記述がある。

（37）〔訳注〕Pace e Bene（イタリア語で「平和と善」の意）は、一九八九年にフランシスコ会修道士のルイス・ビターレ、アレン・リチャード、同修道女のローズマリー・リンチ、ピーター・エディガー、ジュリア・オッキオグロッソらによって結成された独立系平和団体である。現在の代表はライアン・ホールで、コーディネーターやオーガナイザーとしてカトリック教徒のみならず、禅仏教徒やプロテスタントが参加している。公式ホームページは https://pacebene.org/

（38）〔訳注〕二〇二〇年には、新型コロナ・ウィルス感染症の拡大にもかかわらず、四〇五八を数えた。Pace e Bene のホームページ（https://pacebene.org/cnv-actions-list）による。

（39）〔訳注〕訳者の数え方だと約二〇ヶ所。五・一八、七・一、二五、八・四〇、一〇・三一、一一・五〇、五三、一二・一〇など。

（40）〔訳注〕James W. Douglass（一九三七〜）カナダ、ブリティッシュ・コロンビア州出まれの平和活動者、神学者。第二バチカン公会議に核戦争に関する教説のためのアドバイザーとして参加するなど、非暴力の神学を追及している。一九七七年には、ワシントン州のトライデント型原子力潜水艦基地近くに、妻のシェリーと共に Ground Zero Center for Nonviolent Action を設立した。一九八〇年代末からは、中東、特にイラク、サラエボなどの紛争地を訪問し、平和のための対話、子どものための支援に取り組んだ。主著に、*The Non-Violent Cross: A Theology of Revolution and Peace*, 1968. *The Nonviolent Coming of God*, 1992. がある。

（41）〔訳注〕出典は不明である。ご教示を願いたい。似た表現は枚挙にいとまがないが、たとえば「私は心の中では常に、非暴力の理法に注意深く、かつ、間断なく従うために、自覚を持って苦闘している」（『今こそ読みたいガンディーの言葉』古賀勝郎訳、朝日新聞社、二〇一一年、一二〇頁）。「自ら苦難を受けることは非暴力の本質であり、他人に対する暴力の選ばれた身代わりである」（『わたしの非暴力1』森本達雄訳、みすず書房、一九九七年、四五頁）。「アヒンサーは、不法を行う者と想定される人々を意図的に傷つけるのではなく、自覚的に苦しむことを要求する」（The Modern Review, 一九一六年一〇月、*The Collected Works of Mahatma Gandhi*, vol. 15, p. 252.）。

（42）〔訳注〕César Estrada Chávez（一九二七〜一九九三）アメリカ、アリゾナ州生まれの労働運動者、非暴力人権活動者。一九五〇年代にカトリックの社会教説を学び、共同体オーガナイザーとなる。一九六二年にドローレス・ウェルタ（Dolores Huerta, 一九三〇〜）と共に「ナショナル・ファーム・ワーカーズ・アソシエーション（ＵＦＷ）」を結成。一九六五年にはぶどう生産業者に対するボイコット運動を開始して、多くの支持者を集めた。一九七〇年代にはアメリカ史上、最大の農民ストライキを指導し、ぶどうやレタス、ガロ・ワインのボイコットを呼びかけた。度々長期にわたるハンガー・ストライキを敢行して、抗議の意思を表し、社会の意識を喚起した。

（43）〔訳注〕Martin Sheen（一九四〇〜）アメリカ、オハイオ州出身の俳優、平和活動者。『地獄の黙示録』（一九七九年）『ウォール街』（一九八七年）などに出演。ＴＶドラマ『ザ・ホワイト・ハウス』（一九九九年〜二〇〇六年）によって全米映画俳優組合賞男優賞受賞（二〇〇〇年、二〇〇一年）。反戦・反核の市民的不服従により七〇回近い逮捕歴がある。

（44）〔原注〕Megan McKenna, *Prophets, Words of Fire*, Maryknoll: Orbis Book, 2001, p. 16.

（45）〔訳注〕Philip Francis Berrigan（一九二三〜二〇〇二）アメリカ、ミネソタ州出身のカトリック神学者、平和活動者。ダニエル・ベリガン（注15〔訳注〕）の弟。一九五〇年叙階。オーガスティン高校で教え、学生カウンセラーとして働く。友和会（FOR）に参加し、兄ダニエルと共にCatholic Peace Fellowshipを設立して、ベトナム反戦運動、良心的兵役拒否運動をけん引した。一九七二年に司祭職を離れ、翌年に妻エリザベス・マクアリスターと共に、メリーランド州ボルティモアに非暴力抵抗の共同体「ヨナ・ハウス（Jonah House）」を設立した。一九六七年の「ボルティモアの四人」、一九六八年の「ケイトンズビルの九人」、一九九三年のセイモア・ジョンソン空軍基地での「プラウシェアーズの八人」による「鋤行動（Plowshares Movement）」などを通して、非暴力による反戦抗議行動を展開した。セイモア・ジョンソン空軍基地での行動によってジョン・ディアとフィリップは有罪判決を受け、エデントン郡刑務所に一九九三年一二月から一九九四年七月までの八ヶ月半共に収監された。邦訳に『原発と核抑止の犯罪性：国際法・憲法・刑事法を読み解く』日本評論社、二〇一二年（浦田賢治、フランシス・A・ボイル、フィリップ・ベリガン他）がある。

（46）〔訳注〕Rosa L. M. Parks（一九一三〜二〇〇五）アメリカ、アラバマ州出身の公民権活動者。かねてからNAACP（全米黒人向上協会）の会員として活動していたパークスは、一九五五年一二月一日、モンゴメリー市の公共バスの人種差別的乗車ルールに抗って、白人に座席を譲るようにとの運転手の指示に従わず逮捕され、後に有罪とされるが上告した。このことに抗議して、モンゴメリーの黒人たちがバスのボイコットを行い（「モンゴメリー・バス・ボイコット運動」同月五日〜一九五六年一二月二〇日）、連邦最高裁での違憲判決を勝ち取った。パークスはこの間、度重なる脅迫を受け、職場を解雇された。一九五七年にデトロイトに転居し、公民権運動に関わり続け、Rosa and Raymond Parks Institute for Self Developmentを設立して、人権教育にも取り組んだ。「公民権運動の母」と呼ばれている。

（47）〔訳注〕Leymah Roberta Gbowee（一九七二～）リベリアの平和活動者、女性の人権活動者。ボウィは、チャールズ・テーラー大統領の独裁政権下、キリスト教徒とイスラム教徒の女性たちによる非暴力運動を組織して、一四年にわたった内戦を二〇〇三年に終結させるのに重要な役割を果たした。こうした運動の結果、エレン・ジョンソン・サーリーフ（Ellen Johnson Sirleaf（一九三八～）がアフリカで最初の女性大統領に選ばれた（任期二〇〇六～二〇一八）。二〇一一年にノーベル平和賞を受賞。

（48）〔訳注〕Ignacio Ellacuria（一九三〇～一九八九）スペイン、バスク地方出身のカトリック哲学者・神学者（イエズス会士）。一九五八年、オーストリアのインスブルックでカール・ラーナーに師事後、エルサルバドル神学研究センター所長、中央アメリカ・ホセ・シメオン・カニャス大学教授、学長として中央アメリカの「貧しくされ抑圧されている民衆」のための神学教育・実践に携わった。エルサルバドル内戦時、軍事政権に反対し、内戦の平和的終結を訴えた。内戦末期の一九八九年一一月一六日、米軍の特殊訓練を受けた政府軍の「アトラカトル大隊」によって、大学構内で他の五人のイエズス会士、スタッフとその一六歳の娘と共に暗殺された。

（49）〔原注〕Walter Wink, *Engaging the Powers: Discernment and Resistance in a World of Domination*, Minneapolis: Fortress Press, 1992, p. 185.〔*Engaging the Powers* のこの部分のダイジェスト版が *Jesus and Nonviolence, A Third Way*, Minneapolis: Fortress Press, 2003 である。邦訳『イエスと非暴力　第三の道』志村真訳、新教出版社、二〇〇六年。一六頁〕。

（50）〔原注〕Wink, p. 186.

（51）〔原注〕Wink, pp. 176-177. 邦訳『イエスと非暴力』一九〜二二頁。

（52）〔原注〕Wink, pp. 178-179. 邦訳、二二〜二七頁。

（53）〔原注〕Wink, p.183. 邦訳、二六頁。

（54）〔訳注〕Wink, p. 183.

（55）〔原注〕Wink, p. 184.

（56）〔訳注〕修辞法における「集中構造（concentric structure）」である。集中構造は、ヘブライ語、ギリシア語両聖書の、散文と詩文の両者に見られる。

（57）〔訳注〕ワールド・フレンドシップ・センター（ＷＦＣ）は、一九六五年八月七日（広島に原爆が落とされてから二〇年後）、フレンド派のアメリカ人平和活動者バーバラ・レイノルズ（Barbara Leonard Reynolds、一九一五〜一九九〇）によって設立された団体（二〇〇九年ＮＰＯ化）である。ＷＦＣは「ここであらゆる国の人々が出会い、経験を分かち合い、平和について語り合うようにとの思い」をもって、平和証言、平和交換使節、平和公園ガイド、ピースセミナー、ピースキャンプなどの活動を行っている。(https://WFChiroshima.com/)

（58）〔訳注〕ＷＦＣのホームページによると、堀江さんが姉と共に被爆したのは「近所にお使いに行く途中」であった。彼は悪性リンパ腫とたたかいながら、伊方原発運転差し止め広島裁判の原告団長をしておられる。

（59）〔訳注〕パックス・クリスティ（Pax Christi International）。一九四五年にフランスとドイツの和解を願って設立された、世界規模のカトリック平和・人権団体。現在では、世界五〇か国以上の一二〇団体で構成されている。各国では、全国規模と地方規模の活動が「パックス・クリスティ」の名称で展開されており、加えて独自の名称を持つ関係団体もある。

(60)〔訳注〕これらの言葉は、広島市長による二〇一三年八月六日の「平和宣言」の中にある。広島市公式ホームページ（https://www.city.hiroshima.lg.jp/site/heiwasengen/9896.html）より。

(61)〔訳注〕マタイによる福音書一三・四七以下。ギリシア語原文は「サゲーネー」で、『聖書協会共同訳』およびその他の日本語聖書では単に「網」と訳しているが、英語聖書の多くは「dragnet（地引き網）」としている。

(62)〔訳注〕*Harijan*, 一九四七年六月二九日号、二〇九頁。

(63)〔訳注〕Franz Jägerstätter（一九〇七～一九四三年八月九日）ジョン・ディアによるイェーガーシュテッターに関する文章は、『剣を収めよ』志村真訳、新教出版社、二〇一八年、一二一～一三四頁を見よ。また、イェーガーシュテッターの生涯を描いた映画『名もなき生涯（A Hidden Life）』（テレンス・マリック監督、アウグスト・ディール、バレリー・パフナー主演、二〇一九年）が二〇二〇年に日本全国で上映された。

(64)〔訳注〕*Mohandas Gandhi: Essential Writings*, Maryknoll: Orbis Books, 2002.

(65)〔訳注〕この引用については、出典が明らかではない。ご教示を願いたい。

(66)〔訳注〕これはガンディーの言葉のディアーによるパラフレーズと思われる。ガンディーは、たとえばこう述べている。「もしイエスが地上に再び来られたら、キリスト教の名のもとになされている多くの事柄を御自分のものとは認めないだろう。『主よ、主よ』と言う者がキリスト教徒なのではなく、

『主の御心を行う者』こそが真のキリスト教徒なのである。イエス・キリストという名を聞いたことのない者は主の御心を行うことはできないのだろうか?」（*Harijan*, 一九三五年五月一一日号。*The Collected Works of Mahatma Gandhi*, vol., 67, p. 49.）

（67）〔原注〕Jean-Yves LeLoup, *The Gospel of Mary Magdalene*, Rochester: Inner Traditions, 2002, pp. 76-77.

# 訳者あとがき

本書は、アメリカ合衆国のカトリック司祭ジョン・ディア（John Dear）による *The Beatitudes of Peace, Meditations on the Beatitudes, Peacemaking and the Spiritual Life*, Twenty-Third Publications, 2016 のほぼ全訳です。「ほぼ」と言いましたのは、原著の第二章とマイレッド・マグワイアによる「前書き」を紙幅の関係もあって省いたからです。

著者ジョン・ディア神父は、前訳書『剣を収めよ』（新教出版社、二〇一八年）ですでに紹介しましたように、現代世界にあって最も精力的な平和活動家・宗教者の一人です。彼は一九五九年にアメリカ合衆国ノースカロライナ州で生まれました。一九八一年にデューク大学を卒業し、その後一九九三年にカトリック司祭に叙階されました（元イエズス会士）。

彼には三十年を超える非暴力と平和創造の働きがあります。反戦の市民的不服従行動によって八十回以上の逮捕歴があり、一九九三年の「鋤《すき》武装解除行動」（空軍基地に侵入して、核ミサイル搭載可能な戦闘機をハンマーで叩くという「預言者的象徴行動」）によって八か月投獄されました。二〇〇一年九月一一日のニューヨーク「世界貿易センタービルへの攻撃」直後には、赤十字のコーディネーターとして、犠牲者の家族や救助隊員たちのカウンセリングにあたりました。また、ホームレスのためのシェルターやコミュニティ・センターで働き、インド、イラク、パレスチナ、アフガニスタン、中南米諸国、北アイルランドなどを巡り、非暴力に関する講演や支援活動を行ってきました。また、本書にもありますように、二〇〇二年からは毎年ヒロシマ・ナガサキ・デーに、ニューメキシコ州ロスアラモスの核兵器研究施設前で反核兵器追悼集会を開いてきました。

二〇一二年夏から二〇二〇年一〇月までは、平和団体 Pace e Bene のスタッフとして活動し、とりわけ新型コロナウィルス感染症が広がって以降は、この病に苦しんだりその影響を受けて困窮する人々のオンライン・カウンセリングを提供しました。現在は、カリフォルニア州モントレー教区に所属し、同州ビッグサーに住みながら、The Beatitudes Center for the Nonviolent Jesus を立ち上げて平和創造の活動をしています。このセンターは、ワークショップやポッドキャスト、カンファレンスを通してイエスの非暴力を教え広め、暴力を終わらせるよう助力し、新しい非暴力の文化を創出することを目的としています。

ジョン・ディアの次々と生み出されている三十冊近い著作の中には、上記『剣を収めよ』の他、*Living Peace, The Nonviolent Life, The God of Peace, Praise Be Peace* などがあり、そこでは非暴力による平和を行動する霊性が強い使命感をもって呼びかけられています。

本書の校正作業と「あとがき」の執筆の間、アメリカでは大統領選挙と開票作業をめぐる混乱、果てには本年一月六日の連邦議会議事堂への「襲撃」、そしてバイデン大統領、ハリス副大統領の就任という一連の出来事がありました。そうした中、リベラルと考えられる諸教会も襲撃のターゲットになっているとの情報が友人からメールで寄せられ、心配しつつ平和と非暴力を祈りました。本書の中では、ディアがこれまで関わりを持ってきた非暴力市民運動の具体例が挙げられています。これらは現代アメリカで広範に展開されている様々な平和運動の一部であり、そうした活動を知ることができたことは本訳書の意義の一つではないかと考えております。

「山上の説教」についての書籍は数多《あまた》あります。それでも、本書を訳す中で重要かつ新鮮だと感じた点がいくつもあります。その中から何点かを挙げたいと思います。何よりも、「〜は幸いである」の原意を「立ち上がって前進せよ」であるとしていることです。「八福の教え」には受け身のところがまったくないことを、これほど明白に示す翻訳はないと思います。著者はフランスの研究者ジャン・イブ・ルルーに依拠していますが、少しあたりますと、ルルーはアンドレ・シュラキの一九八五年の聖書翻訳を参照しているようです。この「立ち上がって前進せよ」という新訳については、新約聖書学から応答をいただければ幸いです。

次にディアは、「悲しむ人々は幸いである」の理解の中で、他者の苦しみを悲しむことの意味(幸い)についてページをかなり割き、私たちのキリストと共にある人生を「人々の喪失をめぐる不断の悲嘆の中をくぐりながら生きる」ことであると述べています。他者と共に悲しむことを中心に据えたこの理解は、隣人愛に徹したイエスの理解として正鵠《せいこく》を射たものと言えるでしょう。そして、そのイエスの説く「柔和さ」をトマス・マートンに依りながら非暴力ととらえています。いかにも受動的なものとして「柔和」をとらえることが多いように思える中にあって、このように積極的かつ創造的な理解には大いに賛同いたします。そして、「心の清さ」やその他の祝福を仏教的瞑想あるいは座禅と結びあわせて理解するところには、彼の長年にわたる仏教者との交流と黙想実践を踏まえた豊かさが感じられます。

近年の地球温暖化による異常気象の中を生きる私たちにとって、ディアの「山上の説教」理解の全体に、地球環境保護の視点があることは極めて重要です。彼は、教皇フランシスコが回勅『ラウダート・シ』(二〇一五年)を発布するかなり前から、特にニューメキシコ州北部のメーサに移り住んだことで、環境問題に体感的にも気づくようになり、積極的に発言したり書いたりしています。二〇一八年にはオービス・ブックスから *They Will Inherit the Earth: Peace and Nonviolence in a Time of Climate Change* を出版しました。ここでは、第三福の「地を受け継ぐ」をさらに掘り下げ、イエスの非暴力が「地」への暴力、すなわち温暖化をはじめとする環境問題と不可避的に結びつくことを展開しています。

最後に、ディアは神やイエスのことを書き表すときに、文章が冗漫になることをいとわず、

「平和の神」「非暴力のイエス」といったように「非暴力の」「平和の」をしばしば付けています。これは以前から訳者も考えてきたことです。さすがに「非暴力の」とか「平和の」とかをいちいち付けるわけにはいきませんが、それでもイエスや神のことを思ったり語ったりする時には念頭に置くようにしています。その点でも「我が意を得たり」です。

聖書引用については、断り書きがない限りは『聖書協会共同訳聖書』を用いさせていただきました。

今回も、新教出版社の小林望氏は厳しい出版事情と新型コロナウィルス感染症拡大という困難な状況にもかかわらず、この出版を可能にしてくださいました。また、日本基督教団蘇原教会(岐阜県白川町)の日高伴子牧師は訳文を丁寧に見て、読みやすいものとなるようアドバイスくださいました。お二人に心から感謝申し上げます。

本訳書を二〇一九年三月に天に召された母・澄江に捧げたいと思います。彼女は、長年「九条の会」の会員として、反戦、反核・反原発、非暴力を祈り求めた人でした。

二〇二一年一月

志村　真

志村　真（しむら・まこと）

1957年、高知県須崎市生まれ。1982年、東京神学大学博士課程前期課程修了。日本キリスト教団都城城南教会（宮崎県）、若松教会（北九州市）、上下教会（広島県）を牧会した後、2002年より2019年まで中部学院大学短期大学部（岐阜県関市）宗教主事。その間、ランカ合同神学校（スリランカ、1988年）、海外宣教研修所（アメリカ・コネチカット州、1996～97年）にて研修。2016年より蘇原教会副牧師。
著書に『イエス・キリストの人間観』（角川学芸出版）、編著書に『平和を目指す共生神学』（新教出版社）、訳書に、W・ウィンク『イエスと非暴力』（新教出版社）、ファベリア＆スギルタラージャ『〈第三世界〉神学事典』（林巌雄氏と共訳、日本基督教団出版局）、J・ディア『剣を収めよ』（新教出版社）がある。

山上の説教を生きる
八福の教えと平和創造

---

2021年2月28日　第1版第1刷発行

**著　者**……ジョン・ディア
**訳　者**……志村　真

**発行者**……小林　望
**発行所**……株式会社新教出版社
〒162-0814 東京都新宿区新小川町9-1
電話（代表）03 (3260) 6148
振替 00180-1-9991
**印刷・製本**……モリモト印刷株式会社

ISBN 978-4-400-40754-6　C1016

---